カトリック・サプリ 5

新しい未来を生きるあなたへの25のメッセージ

竹下節子

ドン・ボスコ新書

友に捧げる

その1　試練のときこそ優しくなろう

その2　〝みんな〟の中に悪魔が隠れていることもある

その1

試練のときこそ優しくなろう

エディット・シュタインとエティ・ヒレスム

カテドラルのミュージカル

二〇一五年、エディット・シュタインの半生を描いたミュージカルが、フランスはノルマンディーのバイユーのカテドラルで上演された。第二次世界大戦でのホロコーストやレジスタンスをテーマにした三部作の一つとして二〇〇九年に初演されて各地を回ったものの再演だ。強制収容所解放の七十周年を記念した行事の一環だった。

バイユーのカテドラルの鐘の一つには「テレーズ・ベネディクト」（エディットの修道名十字架の聖テレジア・ベネディクタ）という名がつけられている。ミュージカルには、ユダヤのイデッシュの音楽やエディットが愛したバッハの音楽が使われた。

ドイツ帝国で初めての女性博士号を獲得し、女性の権利のためにも戦ってきたエディットは、敬虔《けいけん》なユダヤ人家庭に生まれながら十代で「信じないことを選択」した。知識人としてのキャリアを歩みながら、一九一四年の第一次世界大戦ではフッサールの『イデーン』とホメロスの『オデュッセイア』をポケットに入れて野戦病院に看護師として旅立った。

後に十字架のキリストに出会ったとき、「選ばれた民の娘であるということが私にとってどんな意味をもつのか想像もできないでしょう。それは、聖霊によってだけではなく血脈によってもキリストの一部だということなのです」と書いたエディットは、洗礼を受けて修道女になることで、十字架上で苦しむイエスの民族に回帰したのだ。その十字架にささげられた愛と知性と教養は、ユダヤ人として受けることになる「受難」の中で、すべて「慈しみ」へと変容した。

一時はオランダの修道院へと「避難」したエディットは、さらにスイスへと「避難」して受難を回避することもできたけれど、きょうだいの中で唯一エディットの回心に共感して母の死後に洗礼を受けた姉のローザと運命をともにすることを受け入れた。普仏戦争の後、二度の世界大戦をとおして憎悪を深めていったドイツとフランスが、戦後手を取り合って欧州共同体をつくりあげていく過程には、カトリック教会のネットワークが大きな役割を果たした。エディット・シュタインは殉教者として列聖され、ヨーロッパの守護聖人の一人になった。

ノルマンディーのカテドラルで歌い踊られた「エディット・シュタイン」のミュージカルは、彼女が担い続けた十字架のイエスの慈しみが報われた喜びにあふれている。

エティ・ヒレスム

エディット・シュタインは、オランダのエヒトからアウシュヴィッツに移送される途中で、ウェステルボルグという通過収容所を経由した。そこでの手続きをする職員としてアムステルダムから志願してやってきたのが、エティ・ヒレスムという若いオランダのユダヤ人研究者だった。

エディットより一世代若く、開放的で自由な生活を首都アムステルダムで送っていたエティは、アムステルダム大学で法学、ロシア語、心理学などを学び、バイリンガルであるロシア語の個人教授で生計を立てていた自立した二十八歳の女性だった。

オランダ女王は大戦に巻き込まれないように厳正中立を目指したけれど、一九四〇年にドイツ軍が無警告でオランダに侵攻して女王は亡命し、オランダはドイツの占領下に置かれた。

教育者の父をもつユダヤ人家庭で生まれたエティは、あらゆる「宗教」や教養から自由な「無神論者」だった。ナチスはオランダのユダヤ人も「炙《あぶ》り出して」強制収容所に送ろうとしたが、それが「円滑」に進むように「ユダヤ人評議会」という組織をつくってナチスとの橋渡しをさせた。

知識人枠であったエティはその評議会で働いたこともあったが、一九四二年からユダヤ人の外出規制が始まり、ダビデの星着用を義務づけられ強制移送が始まったことで、最悪の運命を覚悟するようになった。「通過収容所」に送られる同胞がどのような目に遭うのかを確かめるために、ウェステルボルグでの事務処理職員に志願した。リルケとトルストイの本を詰めたリュックを持って一九四二年の七月から九月をウェステルボルグで過ごした。

そこからは二年間で六十五度の強制移動で六万人がアウシュヴィッツに送られた。ウェステルボルグで過ごす夜をまるでシナゴーグにいるかのようにラビを迎えて祈る集団もあったし、逃亡を企てる者、泣き叫ぶ者もいた。

八月、カトリックの修道服にダビデの星を縫いつけた修道女が登録のためにエティの前に立った。「ブレスラウの裕福な家庭出身の二人の女性が自分たちの置かれた状況に動じることなく、まるで聖堂の中にいるかのようにロザリオを唱えていた」とエティは書き残している。エディット・シュタインは絶望に嘆く母親たちをいたわり、子どもたちの髪を洗い、とかしてやったという。

このころのエティは、いつも「神」に話しかけるようになっていた。エティは決して「イエス・キリスト」という名を使わなかったけれど、自分が神のために歴史の証人になろうと決意した。

「私は決して明日への思いわずらいで今日の一日を暗くはいたしません。(……)神さま、私は私の力がだんだん衰えていくのをあなたを助けることでとめようと思います」と祈った。

「威厳をもって苦しむことも、威厳なく苦しむことも可能だ。ヨーロッパのユダヤ人の大半は、苦しむ技術がわからず、代わりに無数の恐怖を経験している。私たちは恐怖や恨みや憎しみや絶望でいっぱいになると、生きているのをやめてしまう」、「苦しみがどんな形をとってやってこようと、その形が問題だと言えようか。重要なのは、それに対する私たちの耐え方であり、それを私たちの人生にどう適合させるかということだ」と書き残している。

コロナ禍の時代に

結局エティは、自らは人脈による特権で生き残るすべもあったのに、収容されていく両親を見捨てることができず、一九四三年にウェステルボルグの収容所に送られた。福側にいる誰彼に親切な言葉をかけ、母親たちを落ち着かせ、赤ん坊に服を着せた。福音書がエティの平和と内的力の源となり、「すべての外見は一過性であって、私たちの中にある偉大な光輝に比べると無に等しい」というエティは、最後の瞬間まで神を助け、心の中にある神の住む場所を守ると決意した。

エティは、エディットと同じアウシュヴィッツに送られて死んだ。若さのただ中で苦労を知らぬ自由な女性だったエティ・ヒレスムも、哲学と神学の業績を残し霊的にも成熟していたエディット・シュタインも、残虐で理不尽なこの世の地獄に放り込まれたとき、同じように、謙虚で明るく、周りの人をいたわり続けた。「人は人を愛することができる」という証しをすることで、彼女らは「神」を守り抜いたのだ。

多くの国が避けたいと思っていた第二次世界大戦があっという間に拡大し、ヨーロッパのユダヤ人も、日本の庶民も、いつの間にか大きな歯車に捕らえられて容赦なくつぶされていった。エディット・シュタインもエティ・ヒレスムも、レジスタンスの闘士も、沖縄戦の犠牲者も、原爆や空襲の犠牲者も、無数の兵士たちも、「平和」の時代には予測も想像もしていなかった苦難によって人生を奪われた。その戦後から七十五年が経過して、世界に戦闘地域がなくなっていないにもかかわらず「平和」の安逸に浸っていた「先進国」の人々は、二〇二〇年、突然「未知のウイルス」による恐怖に囚われ、自由を制限され暮らし方を変えさせられた。

そんな時代にこそエディットやエティに思いをはせよう。今の私たちの状況とは比較を絶する試練の中で、「苦しみの形が問題なのではなく、その耐え方をよりよい生き方に適合させる」ことを貫いた彼女たちの教えてくれたことを、決して無駄にしてはいけない。

ノートルダムが教えてくれたこと

突然の連帯

フランス時間の二〇一九年四月十五日の夕方、パリのシテ島に浮かぶノートルダム大聖堂が火煙に包まれた。消火が難しく火の手は広がるばかりで、遠目に取り巻く人々やシテ島から避難させられた観光客などが衝撃を受けて見守る中、テレビが真夜中まで実況中継をした。二〇〇一年のニューヨークのツインタワービルの崩壊が多くの犠牲者を出して、人々はすさまじい粉塵の中で逃げ惑うしかなかったのに対して、火を噴く大聖堂を安全なセーヌ河越しに延々と眺める人々は不思議な高揚感に包まれた。時折舞ってくる火の粉を見て思わず「美しい」と口にした人もいた。ちょうど聖週間の最初の月曜日だ。パリ大司教の周りだけではなく、自主的に集まってロザリオを唱え始めるグループも少なくなかった。

それに続く一週間の狂騒は想像を超えるものだった。聖週間であったし、バカンスにはぐっと人が減るパリ地区の学校は、まだ春休みに入っていなかった。犠牲者がないので「喪に服する」必要がなく、火事場の興奮もさめやらず、人々の話題が大聖堂に集中したのだ。たった一日で富裕層から再建に向けた巨額の寄付が表明され、マクロン大統領が五年で修復してみせると見得《みえ》を切ったことは日本でも報道された。

昨今のフランス社会は、キリスト教が国のルーツとなっていることを認めるか認めないかで分断されていた。シャルルマーニュ以来のカトリック教会との関係は自明であり、宗教改革の時代を経ても世俗のあらゆる権威や権力が教会と結びついていた。自由・平等・博愛を謳う近代国家を標榜したフランス革命はそんな権威や権力を敵として一掃することで成功したという自負がある。実際は、それらの普遍価値はそもそものキリスト教精神に基づいているし、カトリック教会も、革命以後の歴史の中で何度もよみがえっている。第二次大戦末にドイツ軍から解放されたパリに凱旋したドゴール将軍はノートルダム大聖堂で感謝の祈りをささげ、「共和国は無宗教だがフランスはカトリックだ」という言葉を残した。

けれども、一九六八年の五月革命後のフランスでドゴールは退陣し、戦後世代の多くの若者は無神論イデオロギーを掲げてフランスのキリスト教ルーツを否認するようになったのだ。それに対して、ブルジョワ保守派の一部は、「カトリックでないとフランス人ではない」という偏狭なアイデンティティー・イデオロギーを掲げ、ムスリム移民の差別など、多様性を否定して敵対するようになり、極右ナショナリズムが生まれた。

そんなフランスで、炎上するノートルダム大聖堂を前にして、すべての人が、極左政治家に至るまで大聖堂への愛を吐露した。キリスト教ルーツの論争は一時停止して、皆が心の中にあるキリスト教ルーツを発見したかのようだった。復活祭には例年より多くの人が教会に集まり、ムスリムやユダヤ人共同体や、カテドラルを建てた石工に起源をもつというフリーメイスン組織もすぐに連帯を公式に表明した。

火災の意味

ここ数年、フランスのカトリック教会は司祭によるペドフィリア（少年の性虐待）の告発やそれを知りながら司法に届け出なかった司教らの責任が問われ、リヨン大司教のバルバラン枢機卿が有罪（二〇二〇年一月控訴審で無罪）とされるなどスキャンダルの嵐に見舞われている。今回のノートルダム大聖堂の火災を見て、罪を重ねるフランスの教会に対して神が下した「天罰」だという人が、信徒の中にさえいた。まるでノートルダムが身代わりになって火刑になったかのように語る人もいた。それらの言説は、火災が大統領の人気取りのために起こされたという陰謀論と同様、もちろん誤っている。イエスも、「シロアムの塔が倒れて死んだあの十八人は、エルサレムに住んでいたほかのどの人々よりも、罪深い者だったと思うのか。決してそうではない」（ルカ13・

4〜5）とはっきり言っている。事故や災害に罪と罰の因果を見てしまう人情やそれを利用しようとする誘惑はいつの時代にも存在するのだ。

逆に、あれほど長時間燃え続けて尖塔が崩れ落ちたのに、聖遺物が救い出され、内部のほとんどが無傷であったことに「奇跡」を見る人もいた。もともと防火のためでもあった屋根の下の穹窿《きゅうりゅう》（曲面天井）が八百五十年を経て初めて役に立った。まだ煙のくすぶる内陣でフランス王ルイ十三世から王冠をささげられるピエタ像の後ろで輝く金の十字架の写真を見た人々は、壮麗なノートルダムが、受難のイエスを膝にして嘆くピエタの聖母に戻ったのだと言った。馬小屋でイエスを生んだ聖母が焼け跡でイエスの受難を嘆いていることに感慨を覚えたのだろう。

けれども、フランスの司教会議議長であるランスの大司教が直後に出したコメントは、情動に駆られた誰よりも落ち着いたものだった。それは、「この地上には永遠のものはない」というものだ。

修復されるのは何か

フランスは壮麗なゴシック大聖堂の発祥の地だ。カテドラルは、百三の司教区のほかに、司教正座ではなくなったけれどカテドラルのタイトルを保持しているものやバジリカ大聖堂を含めると二百近くもある。リヨンのフルヴィエールのノートルダム大聖堂は、サン・ジャン（聖ヨハネ）カテドラルよりも有名だ。ノートルダムはルイ十三世の王国奉献以来フランスの筆頭守護聖女だから、シャルトル、ストラスブール、ランス、アミアンなど、錚々《そうそう》たるノートルダム大聖堂が存在する。それらのカテドラルは文化財に指定され、修復保存は国家が受けもつ（一般教会は市町村の担当）。

けれども、文化予算は削減され続け、多くの大聖堂や歴史建造物が破損や崩壊の危機に瀕している。観光資源として費用対効果が抜群のパリのノートルダム大聖堂でさえ、予算が苦しい中で修復中だった。その現場から失火したのだ。昨年来「黄色いベスト運動」が可処分所得の低下で政府に抗議を続ける中で、観光資源の大聖堂修復には即座に莫大な寄付金が寄せられたのは皮肉でもある。

「イエスが神殿の境内を出て行かれるとき、弟子の一人が言った。『先生、御覧ください。なんとすばらしい石、なんとすばらしい建物でしょう。』イエスは言われた。『これらの大きな建物を見ているのか。一つの石もここで崩されずに他の石の上に残ることはない。』」（マルコ13・1〜2）という聖書の一節を思い浮かべる人も多かった。

生き難さを訴える貧しい人々に心を寄せることなしにこの寄付金を使うことはできない、と言ったのはパリ総代理司教だ。スマホの画面をとおしてしか聖堂を見ようとしない観光客のためではなく、中世のカテドラルのそばには必ずあった巡礼者や病者や貧しい人たちの世話する施設を、ホームレスや難民のために再建すべきではないだろうか、と語る。

ノートルダムを包んだ火煙を見て、「聖霊の炎」のようだと形容する人もいた。火の中から本当に「復活」するものがあるとしたら、それは、「壮麗な大聖堂」ではないのかもしれない。復活するのは、長い時間をかけ技術を分け合ってその聖堂を建てた多くの人たちの思い、何世紀にもわたってその中で聖母のとりなしにすがって祈った無数の小さな人々の思いなのだろうという気がしてならない。

感染症の「時」の気づき

樫の木と葦

ラ・フォンテーヌの寓話の中に『樫の木と葦』という話がある。

大きな樫の木が、水辺に生えていた葦草のことを「ほんのさざ波をたてる風が吹いても頭を垂れる」と言って馬鹿にした。大風でも樫の木にとってはそよ風のようなものだ。葦がせめてもう少し樫の木の陰にある草むらに生えるのなら嵐から守ってやれるのに、いつも風の吹きまくる水際に生えるとは、自然は不公平だ、と葦のことを憐れんでもいた。葦は、いや、自分は頭を垂れるけれど折れはしないから平気だと答える。

やがて、強風が吹きすさび、葦はいつもにもまして曲がった。ところが、最初はもちこたえていた樫の木は耐えきれずに根こそぎ倒れてしまう。風がやんだときに葦は頭を上げることができた。自分の強さに自信をもち、恐れを知らなかった樫の木は、「想定外」の風の激しさに屈したのだ。

遺伝子操作から宇宙軍団の構想まで、やむことのない科学技術の発展と歯止めのない経済成長戦略を誇り、邁進《まいしん》していた世界の「先進国」は、政治経済の思惑を無視する目に見えない新型ウイルスを前にしていっせいに急ブレーキをかけることを余儀なくされた。利益率や生産性といった数値化される「価値」が、毎日の感染者数や死者数といった別の数字で可視化される恐怖で一時的に覆《くつがえ》ったのだ。経済指標の変化に一喜一憂していた人々が新型肺炎の犠牲者数に一喜一憂することになった。

その後に来るものは、やはり数字による対策なのだろうか。海岸にある原発が二度と津波の影響を受けないようにと堤防をより高くするように、樫の木の強度を測り、人工の支柱を造ることで強風に対抗するのだろうか。嵐の後で頭をもたげた葦を顧みて学ぶことはないのだろうか。

二〇二〇年の春、二カ月にわたる突然のロックダウンを経験したフランスでは、多くの人がそれぞれの置かれた場所でそのあり方の意味を自問した。フランスのカトリック教会やキリスト者たちにとっても「気づきの時」となった。共同体という集団としても、一人ひとりの信徒という個人としても、「弱さ」を再発見すること、そしてその弱さを受け入れるという「気づき」だ。私たちの社会はいつの間にか弱さを隠し、弱さを認めないものになっていた。

キリスト教では弱さとは恵みへの扉で、子なる神は、何の防備もなく一人で生きていけない幼子の姿でこの世に生を受けた。弱いときは他の人に助けてもらうことで「他の人」と出会える。他者を必要としない強者などは幻想にすぎない。パウロは体に与えられた「棘《とげ》」に苦しんだけれど、「わたしの恵みはあなたに十分である。力は弱さの中でこそ十分に発揮されるのだ」と主から言われて、キリストの力が宿るよう

に、むしろ大いに喜んで自分の弱さを誇りとした。弱いときにこそ強いと知ったからだ。(二コリント十二章参照)

そんな「強さと弱さ」の逆説から出発したはずなのに、いつの間にか私たちは「弱さ」を恥じ、隠し、排除し、忘れ、「強さ」に憧れ、讃え、服従し、妬むような空気に同化していた。皆が樫の木を見上げていたのだ。

「安全」のための隔離

ヨーロッパのカトリック文化圏では新型コロナウイルスによって多くの死者が出た。ロックダウンが言い渡されて、感染死した人はもちろん闘病中の人や、高齢者施設にいる「ハイリスクな人」も家族から隔離された。「死」が医療の敗北、ひいては政府の感染症対策の「失敗」としてカウントされた。

本来、「死者」の看取り、見送り、服喪のプロセスは人が人として文明をスタートさせた起点にある。どんなに科学技術が発展しても「死」そのものが根絶されることは決してないけれど、「死」を「失敗」でもなく「中断」でもなく「消滅」でもない地平に位置づけ、「死者」を生者の営みから排除しないあらゆる装置が宗教や習俗や物語として組み込まれてきた。「死」の隔離は、「死」そのものよりも人間の存在の根を脅かす。

フランスでは外出規制がかかり教会や集会所がすべて閉まった二カ月間、実は、ありとあらゆる新しい「集い」がスタートした。ミサのネット配信だけではなく、オンラインによる祈りのグループ、聖書の言葉を学ぶグループ、ルルドの洞窟など巡礼地での祈りの中継が次々と現れ、毎朝七時に教皇のミサの中継が配信された。

自分の教区のミサにしかあずからない人々が、日曜日には、ほとんどの小教区のミサを見聞きすることができた。地方にいて普段は姿の見えない若い司祭や助祭らの家族や親族が、ネットでグループをつくってミサを同時に配信することで、平時よりも強い絆を確認する例もあった。

ミサに行けない、聖体を拝受できない、というストレスが信仰の高揚感に置き換わった人までいる。「安全」が新しい規範となった。

カイロスとクロノス

新しい時代のツールによるさまざまな工夫が信仰生活を刷新したことに驚くある司祭は、それでも、それらの新しいつながりは表面を必死に耕すだけで、深く掘り下げることには向かっていないと指摘した。祈りには、共同体の祈りもあり、聖職者らの時祷もあるが、沈黙の中の個人の祈りもある。

「あなたが祈るときは、奥まった自分の部屋に入って戸を閉め、隠れたところにおられるあなたの父に祈りなさい。そうすれば、隠れたことを見ておられるあなたの父が報いてくださる」（マタイ6・6）とイエスが語る相手は「複数の仲間」ではない。祈りは共同体とのつながりよりもまず神とのつながりだからだ。「隠れたところにいる」神は、心を向けるだけで、現れてくれる。いや、「見よ、わたしは戸口に立って、たたいている。だれかわたしの声を聞いて戸を開ける者があれば、わたしは中に入ってその者と共に食事をし、彼もまた、わたしと共に食事をするであろう」（ヨハネの黙示録3・20）とあるように、私たちの心の扉をたたいているのは神のほうだからだ。

四旬節から昇天祭までの期間がほぼ外出規制と教会閉鎖と重なったことで、二〇二〇年の四旬節を「復活なき四旬節」と嘆いた人もいる。四旬節で節制してキリストの受難に思いをはせても、その後には輝かしい復活祭を確実に祝えるというのがルーティーン化していた人々は、典礼暦を新しい目でとらえることになった。

チェコの神学者トマス・ハリックは、この時期の「人の気配もせず、声も音も聞こえない教会のことを、いつか忘れてしまう一時的なアクシデントとして受け入れることもできる。けれども、この無人の教会を、我々の前で急激に変化してゆく世界の中でより深い水底に向かうきっかけ、という一つのカイロスとして受け取ることもできる」と言った。カイロスとは、ギリシャ語で時間を著す二つの言葉のうちの一つだ。もう一つはクロノスで、時計が機械的に刻むような計測可能な時間を意味する。カイロスは、より主観的で、人に訪れる「時」、何かが起こる「時」、出会いの「時」、気づきの「時」、変化の「時」だ。

「いのちが大切」だとの連呼の中での私たちの関心は感染者数、失業者数、国境封鎖する国の数、隔離生活の日数から、ネット配信ミサの視聴者数の増加まで、数字の増減だった。そこに流れていた時間が、刻々と過ぎていくクロノスだ。

感染爆発の地アルザスで足りない病床を補うために「野戦病院」がしつらえられた映像を見たとき、「教会は『野戦病院』であるべきだ」という教皇フランシスコの言葉を思い出した。イエスを教会に「隔離」するのではなく扉を開け、助けを必要とする人のいる前線へと信徒を促すものだった。

教会が文字どおり空になった歴史的な「時」を、いのちを慈しむ「時」とすることを、誰かがきっと待っている。

感染症とサマリア人

コロナ差別の日本

新型コロナウイルスが蔓延した二〇二〇年の春、私は罰則つきの外出規制が八週間続いたフランスで過ごした。そのフランスから見ているかぎり、フランスに比べれば感染者数も死亡者数も桁違いに少ない日本で、どうしてフランス人よりもパニックに陥っているように見える日本人が少なくないのかが私には不思議だった。もっと驚いたのは、経済活動の一部停止や外出規制が罰則のない「自粛」「要請」にすぎない日本で、フランスより厳しい「世間の目」が行き届いている様子だった。営業を続ける店に嫌がらせがあったり、公園で遊ぶ子どもを警察に通報する人がいたり、フランスでは外出規制が解除されても公共交通機関でのマスク着用が義務化されたけれど、一度も「義務化」がない日本で、マスクをつけない人が「白い目」で見られるなど、「自粛警察」「マスク警察」と呼ばれるような相互監視の雰囲気があったという。

何よりもショックを受けたのは、感染者がその家族まで「謝罪」に追い込まれたり、患者を受け入れる医院に人が寄りつかなくなったり、そのせいで、緊急患者の受け入れを拒否する病院があったり、感染者を出した家や地区やグループが後ろ指をさされたりという傾向だ。感染者の多い他県からの訪問者や里帰りの人を拒否したり監視したりすることもあったようだ。

日本よりはるかに感染者が多いフランスでは、もちろん感染を恐れる人は多かったけれど、感染者を「謝罪」に追い込んだり「村八分」にしたりするような空気だけはあり得なかった。フランスでいわゆる医療崩壊が起こらないですんだのは、患者の多い地域から特別列車や軍のヘリコプターを使って、患者が移送されたからだ。比較的穏やかなブルターニュに向けて、パリと近郊都市から毎日のように、重症患者が移送された。やはり患者の多かったアルザス地方からは、国境を越えてスイスやドイツに移送される患者もいた。一命をとりとめた患者が故郷から離れた国や地方で麻酔から覚めて、拍手に送られて退院する様子も何度もニュースで流れた。

ヨーロッパでももちろん最初は特に政治的意図もあって国境を封鎖して予防するなどの処置はあったけれど、すでに重症になっている患者の受け入れを拒否するという動きはなかった。「疑心暗鬼」のパニックはあっても、目の前にいるすでに苦しんでいる人を拒絶するという反応はない。病気やウイルスだけではなく、病人や感染者そのものを「敵」であり「汚れ」であるかのように「共同体」から排除するという習慣がないのだ。

誰でも、たとえ注意していてもいろいろな病気に感染することはあり得るし、事故にだって遭うかもしれない。そんなときに病人や障がい者をまるで共同体の「逸脱者」であるかのように非難したり、アウトサイダーとして少数者差別の的にしたりするような何か根深い伝統がコロナ危機の日本で目を覚ましたのだとしたら、悲しいことだ。

善きサマリア人

一方で、コロナ危機のヨーロッパで見えてきたのは、目の前の「病人」を介助したり救助したりしなくてはならない、という「伝統」だ。古代社会ではどこでも、疫病が前世の報いや現世での過ちに対する天罰、神罰であるかのように解釈されてきた。それをラディカルに打ち消したのがキリスト教だ。

イエスは、目の前にいる病人、飢え乾く人、宿のない人などに寄り添うことが救いの条件であり、それらの弱者はイエス自身なのだと言った。実際、人としてのイエスは、ひどい目に遭って十字架上で苦しみ、残忍に殺された。その後の「キリスト教」社会では、キリスト教が権力のツールになった後でも、近代革命によって世俗権力が確立した後でも、宗教者が弱者、病者、貧者、死にゆく人に寄り添うという伝統だけは消えなかった。インドのマザー・テレサの姿でそれを知った人がたくさんいたとおりだ。

フランスでは、「危険な目に遭っている人を助けない」こと自体が処罰の対象になっている。また訴訟社会のアメリカなどを中心に、緊急時に第三者を救助した人が、結果的にその処置を誤ったなどの場合に法的な責任を問われないとする「善きサマリア人の法」というものが広く存在して、「人助け」を促進している。これは、救いの条件である「隣人を愛する」ということについて、隣人とは何か、愛するとは何かをイエスが説明したたとえ話に由来する。

ある人がエルサレムからエリコに下っていく途中、追いはぎが彼を襲い、その着物をはぎ取り、傷を負わせ、半殺しにしたまま逃げ去った。するとたまたま一人の祭司がその道を下ってきたが、この人を見ると、向こう側を通っていった。同様にレビ人もこの場所にさしかかってきたが、彼を見ると向こう側を通っていった。ところが、あるサマリア人が旅をしてこの人のところを通りかかり、彼を見て気の毒に思い、近寄ってきてその傷にオリーブ油とぶどう酒とを注いで包帯をしてやり、自分の家畜に乗せ、宿屋に連れて行って介抱した。翌日、デナリオン銀貨二枚を取り出して宿屋の主人に渡し、『この人を介抱してください。費用がよけいにかかったら、帰りがけに、わたしが支払います』と言った。この三人のうち、誰が強盗に襲われた人の隣人になったと思うか」。律法の専門家は「その人に慈悲深い行いをした人です」と言った。そこでイエスは言われた。「あなたも行って同じようにしなさい」（ルカ10・30〜37参照）

祭司やレビ人は、必ずしも慈悲の心をもたなかったのではなく、そのときそこで強盗の被害者を助ければ自分にとって穢《けが》れになったり、目的地に遅れて人を待たせてしまったりなどの「都合」を優先したのかもしれない。サマリア人のほうは、そのときそこで自分がその人を助けなければ、その人は死んでしまうかもしれないと、相手の立場を優先した。善意の助けが裏目に出ることはある。祭司やレビ人のように瞬時に損得やリスクを計算して「見て見ぬふり」をする人もいるだろう。だからこそ「善きサマリア人の法」ができたのだ。

見捨てないこと

この話でサマリア人は、自分の都合や保身など考えずに、緊急の手当て、宿での介抱など、最大限に尽くしたことがわかる。血止めと消毒に惜しみなく使った油やぶどう酒はエルサレムで購入したのかもしれない貴重品だ。でも、この話のいちばんすごいところは、その後だ。最初は、ともかく気の毒だという情に駆られてできるだけのことをした。でも、自分の行くところ、やるべきことはある。それで彼は宿の主人に金を置いて後の世話を頼み、もし足りなければ帰るときにまた寄って、清算する、と言ったのだ。

助けた人のところ、その人を託した人のところにもう一度戻ってくる。最初に助けただけでも十分な「善行」なのに、それをリレーで託した人のところにも戻って来て、まるで身内の世話を頼んだかのように、かかった費用を補填すると言い残した。

苦しんでいる人を見て、保身を考えず、反射的に駆け寄って助けるという救いの行動をとる人がいることは十分想像できる。けれども、できるだけのことをして一夜明け、自分が中断した行動を続けるというときに、さらなるアフターケアのことに思い至る人がどれだけいるだろうか。彼は道端で傷つき倒れている人を最初に見捨てなかった。そして手当てをした後でもさらに「戻ってくる」ことで「見捨てない」ことを続けたわけだ。宿屋の主人からすると、身ぐるみはがされて半殺しにあった人を置いていかれる。迷惑だ、連れて行ってくれとも言わなかったけれど「戻ってくる」と言われたからには、サマリア人の出た後でこっそり外に放り出すこともしなかっただろう。サマリア人の無償の献身にひょっとして感嘆していたのかもしれない。そもそも最初に瀕死の被害者を受け入れた時点から、宿屋の主人はサマリア人の「善行」をサポートしたわけだ。

無償の善行は広がる。愛はウイルスよりも強力に伝播して、私たちを救う。

愛の神への祈り方

神は緑の絵の具

「神の愛」ではなく「神は愛だ」ということを説明する例えがある。緑の絵の具のチューブの話だ。

絵を描くためにそっとふたを開けると、緑の絵の具が出てくる。

ふたが固いので少しいらついて歯で開けると、緑の絵の具が出てくる。

歯でも開けられなくてもっといらいらして、カッターでチューブを切ったら、緑の絵の具が出てくる。

怒り狂ってハンマーでチューブを叩いたら、チューブから緑の絵の具が飛び散る。

というものだ。神も同じだという。

神に優しく話しかけたら、神はあなたを愛する。

神に向かって、「どうして、飢えが、戦争が、どうして私が」と叫ぶと、神はあなたを愛する。

神を冒瀆し、からかい、捨て去っても、神はあなたを愛する。

神の存在を否定し、人生から追い出しても、神を十字架に釘づけても、神はあなたを愛することをやめない。

何をしても、神はあなたを愛する。無条件に愛する。

あなたは唯一の存在で、さまよえる子羊を見つけるまで牧者は探し続ける。

フランスの小説家ディディエ・ドゥコワンは、絵の具でなく神の「液体説」を説いた。神は全員に等しく降り注ぐけれど、それぞれが容器に合わせて受け取るというのだ（たまにはあふれて洪水の場合もあるのが神秘家だそうだ）。傲慢な人間たちから神性を取り上げることを決めたインドの神々が、それをどこに隠すかについて協議し合ったという神話がある。神性を地中深くに埋めても、海の底に沈めても、いつかは人間に見つかるに違いない。神々はいちばん安全な場所を考えて、人間の心の最も深いところに隠そうと決めた。人間はそこを絶対に探さないだろうから。

父の愛

「一方的に、無条件で、先に」愛してくれる存在があると信じられるかどうかで、神との関係が変わってくる。「全能の神」というような修辞によって、神のことを「人の運命を操作し、生殺与奪権を握る」絶対君主のように想像してしまう人も多かったが、それは独裁権力の保持を夢見る人間の欲望や恐れの反映だろう。

キリスト教の神もその「力」の行使について絶対の自由を有しているけれど、その自由はすべて「愛」に基づいているので、「愛さない」自由などはない。愛である神には愛する自由しかないのだ。

「主の祈り」の「父」という呼びかけについて考えていると、「神はあなたを先に愛している」とか、「あなたには神が見えていなくても、あなたが神を無視しても、神はあなたを見ているし、決して見捨てない」とか、「神はあなたに自由意志を与えた。神に背を向ける自由さえ、あなたは行使できる」などというキリスト教の決まり文句が、別の実感をもって見えてきたことがある。それは、「親子ってそうだよなぁ」という親の立場にたっての実感だ。ここで「親子」といっているけれど、もちろん、世の中には我が子を虐待する親もいれば、血のつながりのない子どもを溺愛する人だっている。そういう個別の例ではなくて、また歴史的要因によって特殊化された社会制度の親子関係の例でもない。進化論的に、適者生存の法則によって長い間に選択されてきたスタンダードな親子関係を想定して考える。

「親」は自由ではない。「子」について親が自由を行使できるのは、「子をなす」ときだけだ。いったん「子」の親になれば、親にはその子を「いないことにする」自由はない。排除する自由も、無視する自由も、恨む自由もない。愛することしかできない。そして親は子どもが自由で自立した人間となることを願う。そのために、養い、育てる。子どもの安全を守り、自覚を促すために、限定的に子どもの自由を制限することもある。でも、子どもがその養いや育てに応えなくとも、最終的には子どもの自由を尊重することしか親にはできない。子どもが出ていこうと、親を否定しようと、親は子どもを愛し続ける、というパターンである。

「父なる神」も、クリエートする部分、すなわち「父なる神」となる部分では自由を行使した。そして「なかなかよくできた」などと言っている（創世記で何かをつくるたびに「神はこれを見て、良しとされた」とある）。そうして創造したもののうち、人間には「自由意志」を与えたのだが、その人間が禁断の実を食べた時点で神と分かれる自我が生まれたので、神のもとにいられなくなった。それでも「父なる神」の側には、子を愛さない、「良くない」と断定するような自由はない。なぜなら、「父だから」。ずうっと愛し続ける以外の選択はない。とはいえ「製造責任」は感じるからか、時々、それぞれに見合った「試練」を与えることで、「養い育てる」ことを続けようとはする。思いきって「子なる神」まで派遣した。

「親」的感性への想像力が働く人なら、このような「父なる神」の立場はすごくよくわかる。父と言っても、「父権社会」にある「権威的父」ではない。ノリッジのジュリアンが天の「母」と呼んだ「父」であり、母も含めた「親」的感性だ。「自由にふるまう子どもを愛し続けるほかに自由がない、選択肢のない」親心を想像しよう。

祈りの効用

親から自由をひたすら尊重されながら、子どものほうはまるで親が存在しなかったかのように、一人で出ていったとしよう。親はそんな子どものことをひとときも忘れることなく気にかけ、愛し続けるほかない。そんなとき、そうやって愛してきた子どもが、突然こちらを振り向いて、「お父さん」と呼んでくれたとしよう。「お父さん、私を助けてください、私が正しい道を歩むように、誘惑に負けないように守ってください」と言ってくれた。「主の祈り」のように。それを耳にするお父さんの喜びはいかばかりだろう、いのちを与え、養い、愛し続けた苦労が、救いを求めて頼ってくれた子どもによって、一瞬して報われる。「愛が報われる」ってすばらしいことだ。「主の祈り」とは、「いのちをくれた父の愛に報いる祈り」なのかもしれない。

親としては、感謝されなくても、頼られなくても、愛は変わらないのだけれど、カインがアベルを嫉妬したり、「放蕩息子」の兄が弟に不当感をもったりするのは、親として残念だ。その反対に、子どもたちが、きょうだいそろって口をそろえて「いつも見守ってください」と言ってくれるとしたら、想像するだけでも親としては感激だ。「主の祈り」をともにささげることは、それに似ている。「父なる神」をたまには労わろう。
子どもの悲しみを前にすると、親の心は動き、できないことでもやってやろうとがんばる。神も感情に訴えられて動くことがある。ラザロを死から蘇らせたときのイエスは、最初からそうしようと考えていたようには見えない。でも、ラザロの姉妹であるマリアとマルタの嘆きとイエスへの信頼を前にして心が動いた。
二人は口々に、「主よ、もしここにいてくださいましたら、わたしのきょうだいは死ななかったでしょうに」と言い、ラザロの病気を知らせて助けを求めたのにイエスがすぐに来てくれなかったことを嘆いたのだ。イエスはマリアが泣き、一緒に来たユダヤ人たちも泣いているのを見て、「心に憤りを覚え、興奮して」、自分も涙を流した。（ヨハネ十一章参照）
イエス自身も、受難の前の夜、ゲツセマネで涙を流して父なる神に訴えたけれど「みこころのままに」をつけ加えた。神への祈りには「信じて受け入れる」ということが前提になっている。「人事を尽くして天命を待つ」という言葉は、信じ、期待し、祈り尽くして、最後はみ心のままにというのと同じだ。

世の中には、さまざまな神仏や聖者に必死に祈って奇跡を得た人の体験談がたくさん残っている。でも、必死に祈っても駄目だった人の証言は残されないし、情報は削除される。難病の特効薬や、奇跡のやせ薬や、よく当たる占い師や、よく効くお守りについても同じ構造があるのだ。

それでも、奇跡や救いを期待して必死に祈る道を閉ざす必要はない。助けを求めて祈ることは、必ずしも自己中心の神頼みではないからだ。病気や災害を前に「専門家」の助けを求めるのと同じく、自分のとれる対策の限界をわきまえた成熟の一つの形でもある。

祈りは、人があきらめや自暴自棄によって自罰的あるいは他罰的で破壊的な行動へ向かうことのブレーキになる。助けを求めて祈る道が閉ざされれば、自殺したり、死刑を求めて無差別殺傷をしたり、安楽死を求めたり、他者の罪悪感を増幅したり、対策を立てずにすべてを「先送り」したり、「解決」に向かわず単にストレスからの逃避に向かったりする。

そして、必死に祈っても、「み旨のままに」とつけ加えることで自分も納得できるし、何よりも周囲の人の慰めになる。苦しいときには祈り、「信じて受け入れる」ことを見せることは、そのまま親の心、神の業に参入することにほかならない。

その2

〝みんな〟の中に 悪魔が隠れていることもある

マグダラのマリアがつなぐもの

マリー＝マドレーヌ

フランスの「マドレーヌ」という名前はマリー（聖母マリア）やアンヌ（聖母の母アンナ）と並んで愛されたシンボリックなものだ。ネオクラシックの柱列で有名なパリのマドレーヌ寺院も、カトリック教会を排除しようとしたフランス革命をはさみながら立派に完成した。

マドレーヌというファーストネーム（一般に洗礼名と同じ）をもつ女性も多い。マドレーヌさんのレシピである焼き菓子のマドレーヌは、プルーストの『失われた時を求めて』で少年時代の記憶を喚起する香りとともに日本でもよく知られている。そのマドレーヌという名前はマグダラのマリアのフランス読みであるマリー＝マドレーヌに由来する。

イエスの受難と復活に立ち会った後、教会の公的な歴史から姿を消したかに見えるマグダラのマリアにまつわる数々の逸話と崇敬は、マグダラのマリアの終焉の地とされるフランスで誕生した。九世紀ごろから出回った「聖人伝」によると、マグダラのマリアはマルタやラザロらとともに、南フランスの海岸に漂着した。マルタはタラスコンに行って怪物（タラスク）を退治したという伝説を残し、マリアは、贖罪《しょくざい》のために裸でサント・ボームの洞窟で暮らし、三十二年間、水も食物も口にせず、日に七度、天使によって天に上げられ音楽を聴いたとされる。歴史上の重要な人物が姿を消した後、実は遠くの国に漂着して長い余生を送ったという「貴種流離譚《きしゅりゅうりたん》」は世界各地にあるので、その一つということだろう。

ヨーロッパの歴史の中で力をつけていったころのフランスは王権神授説《おうけんしんじゅせつ》も唱えたし、十字軍も組織して「お宝」をたくさん持ち帰った。しかし、強引にフランスに持ち帰ったお宝よりも、生身のマグダラのマリアが自分から南仏プロヴァンスに来て生を終えたというほうがインパクトははるかに大きい。この伝説があるからこそ、ダン・ブラウンの小説『ダ・ヴィンチ・コード』で有名になったような、マグダラのマリアが実はイエスの子どもを宿していてともにフランスに来てフランス王家の先祖となったなどという類の「とんでも」裏歴史も形成されるのだ。一二六五年にはブルゴーニュ公国がヴェズレーの女子ベネディクト会修道院にマリアの「聖遺骨」を招致し、フランス王や教皇庁大使により公認された。マグダラのマリアの崇敬は最高潮となり、クリュニー修道会の支援もあってヴェズレーからスペインのサンチアゴ・デ・コンポステラまでの巡礼ルートは中世ヨーロッパの「巡礼経済」の根幹となった。

ところが一二七九年に、プロヴァンスのサン・マクシマンの古墓所からローマ時代の骨が見つかり、プロヴァンス伯はそれがマグダラのマリアのものであると主張した（バジリカ聖堂地下に祀られている頭蓋骨や髪の毛などは何度も調査の対象になり、一四八センチくらいの地中海タイプの五十歳くらいの女性のものらしいと言われている）。

以来、ブルゴーニュ公とフランシスコ会（ベネディクト会の後を継いだ）に管理されたヴェズレーと、ナポリ王でもあるプロヴァンス伯とドミニコ会によって管理されるサント・ボーム近くのバジリカ聖堂は、政治と修道会を巻き込むライバル関係となった。月日は流れたが、現在の二つのバジリカ聖堂には今も多くの巡礼者が訪れる。

使徒中の使徒

二〇一六年の六月にローマの教皇庁はマグダラのマリアを使徒と同格にして毎年の七月二十二日の祝日を全教会に義務づけた。翌年の四旬節の黙想で教皇フランシスコはマグダラのマリアが「新しい、最も大きな希望の使徒となった」と表現した。復活のイエスに最初に出会って弟子たちに復活と昇天を伝えるようにと告げられた（ヨハネ20・17参照）のだから、「福音」の第一宣教者としてふさわしい。それなのに、イエスの昇天と聖霊降臨の後で世界中に福音を伝えに行った使徒たちは全員男性だった。

けれども、生前のイエスが説教の旅をしていたころから、教えに心酔して従った女性たちはいたし、裕福な女性がイエスたちの活動を支えていたことも知られている。いや、それだけではない。ローマ帝国の一属領にすぎないパレスチナの一角から宣教を開始したキリスト教が、迫害に遭いながらも最後は国教にまでなって後のヨーロッパを席巻した背景には、女性たちの果たした大きな役割がある。ローマの貴族階級の裕福な女性たちが次々と洗礼を受け、初期キリスト者たちを助けた。四世紀のローマのマルケッラはギリシャ語、ヘブライ語に通じ、未亡人となってからは禁欲と祈り、慈善に身をささげ、聖ヒエロニムスを迎え入れて聖書のラテン語訳に貢献した。

ヒエロニムスは異教の風習を捨てない当時のローマのキリスト教司祭たちを批判してアンティオキアに戻ったが、マルケッラをとおしてヒエロニムスを知り、聖書翻訳を手伝った名門貴族の未亡人パウラは、生涯独身のキリスト者になる誓いを立てた娘とともに、ヒエロニムスの後を追った。後にエルサレムに巡礼したヒエロニムスは、高徳の修道生活を送るメラニアに出会う。メラニアはイベリア半島出身の裕福な貴族女性で、二十二歳で未亡人になった後で、荒野で隠修生活を送り、八千人と言われる奴隷を解放し、キリスト教徒が迫害された時代に私財を投じてエルサレムに女子修道院と男子修道院を建てた。オリゲネスの著作を読破してその説を擁護したことでも有名だ。修道院を継いだ孫娘とともに聖女として崇敬されている。

若いころに放蕩した聖アウグスティヌスが母モニカに影響を受けて洗礼を受け、ラテン教父となったことも有名だ。女性のほうが先にキリスト者となり子どもたちを信仰に導いたという大きな流れが、キリスト教をメジャーなものにした。

復活のイエスがマグダラのマリアに託した使命は女性たちに確実に受け継がれていったわけである。

なぜマグダラのマリアなのか

そもそも、女性たちが率先してキリスト者となったのは、父権制社会に縛られていた女性たちにとってキリスト教が「自由」の道に続いていたからだ。結婚して財産を継承させる子どもを産むという「正しい道」を全うしない女性が、奴隷、娼婦、病者などとして搾取されたり隔離されたりする以外に選択肢がなかった時代に、自立して行動したり互助システムを創ったりする道が生まれたのだ。キリスト教迫害時代には異教徒との結婚を拒否して殉教した聖女たちも少なくなかったが、財産も教養もある未亡人としてキリスト教を広めた女性たちの存在は大きかった。

常に「最も小さい者に仕える」というキリスト教の伝統の中には、飢え渇いた人や貧しい人に施し、旅人に宿を貸し、病人を見舞い、囚人を訪問するというものがある。だからこそ、中世以来、「改悛した罪の女」とされてきたマグダラのマリアの体現するものは大きい。聖書の中に出てくる数人のマリア（イエスに悪魔祓いを受けたマリア、ラザロとマルタのきょうだいであるベタニアのマリア、イエスに香油を塗った罪の女）を、「マグダラのマリア」としてフュージョンさせたのは六世紀末の聖グレゴリウス一世だった。といっても、十三世紀以前のカトリック教会の判断にはいつも民衆の信心が先行していた。イエスに福音宣教を託された「使徒」であるはずのマグダラのマリアは、中世の人々にとって「改悛した罪の女」である必要があったのだ。

それは修道士たちや「教会」にとっても同じことだった。中世ヨーロッパのキリスト教文明は、人々に社会のヴィジョンを提供する役割を担っていた。当時のキリスト教の女性キャラクターは、人類を堕落させて楽園から追い出された「罪の女エバ」と、その原罪を贖ってくれるキリストを生んだ無原罪の宿りの「おとめマリア」とに二極化していた。

殉教処女や聖女たちは皆「おとめマリア」の道を目指している。けれども、当然ながら、「普通の人々」は、父権社会の「落ちこぼれ」である「罪の女」はもちろんのこと、誰でも罪と過ちを繰り返す。そんな現実の女性のために、エバと聖母をつなぐ架け橋としてマグダラのマリアが選ばれたのだ。それは民衆の期待と一致するものだった。悪霊に憑かれたり売春や姦通をしたりしたかもしれないマグダラのマリアがイエスの最も近いところに寄り添うことができた、というイメージは愛と希望のメッセージとなり得た。マグダラのマリアの名を冠した「罪の女」たちの更生施設、社会の周辺に追いやられた女たちの互助施設、病院、信心会が次々と生まれた。マグダラのマリアをめぐるさまざまな図像表現は、「罪の女」に向ける男たちの視線を深いところから変革し昇華する道を提供した。

マグダラのマリアと私たち

社会に要求される女性のあり方や差別やハラスメントによる被害は二十一世紀の今も変わらない。フェミニズム神学がマグダラのマリアをその文脈に結びつけることもある。

けれども、今、フランスのマグダラのマリアの巡礼地の前に立つとき、そこにあるのは、もはや「新しく提供された女性の型」などではない。あるのは、フランスの王や貴族や修道会の思惑によって成立した伝説や聖遺骨の真贋《しんがん》も超えて、そこを訪れた錚々《そうそう》たる人々の信仰の余熱である。

聖ルイ王、フランソワ一世、カトリーヌ・ド・メディシス、ルイ十三世、母アンヌ・ドートリッシュに連れられた若き日のルイ十四世らが「王」の道と呼ばれる巡礼路を歩いたのはもちろんだが、シエナの聖女カタリナ、聖女ジャンヌ・ド・シャンタル、スウェーデンの聖女ブリギッド、聖ヴァンサン・ド・ポール、漂泊の聖ブノワ・ラーブルなどが巡礼し、二〇〇五年に列福された砂漠の修道士シャルル・ド・フーコーの奉献した謝辞もサント・ボームに残っている。巡礼地をつくるのは、神学上の配慮でもなく、そこに祀られているモノやそこで起こる奇跡の評判でもなくて、そこを訪れる人たちの思いだというのがよくわかる。

マグダラのマリアがつないでくれるのはエバと聖母マリアの間ではない。受難と復活のキリストと私たち一人ひとりであり、この世で苦しむすべての人々と私たち一人ひとりなのだ。

罪悪感を消す

疲れと他罰

二〇二〇年の日本のコロナ禍において、クラスターが起きた場所や、地域で「初」の感染が確認された人に対するバッシングのニュースが流れた。夏にスポーツ部員に集団感染が起きた私立高校には「日本から出て行け！」「学校をつぶせ！」など学校や生徒たちを誹謗中傷する電話や書き込みが殺到したそうだ。岩手県で初めての感染者となった男性は、勤務先にまで、「感染した社員をクビにしたのか」「従業員の指導がなってない」などと非難するメールや電話が続いた。地方の実家に東京から帰省する人たちも中傷され、「他県ナンバー」の車ですら白い目で見られるところもあった。

公園で遊ぶ子どもやサーフィンを楽しむ若者を撮影して糾弾する人もいた。このような空気の中で、多くの子どもたちもストレスを受けたようで、家庭内暴力やいじめが増えたという。

日本では、一九四五年の被爆者が、広島出身ということだけで差別を受けた記憶ばかりか、二〇一一年の原発事故の後で福島に自主避難した家族の子どもが学校で「放射能」扱いをされていじめられたという現実から、まったく変わっていない。コロナ禍においては、医療従事者の子どもまでがいじめの対象になるという、信じられないようなことが起こった。このような「加害欲求」のすさまじさというのはいったいどこからきているのだろう。

コロナ禍では、テレワークが飛躍的に増えた。満員電車に乗って出社しないですむという自由な部分もあったけれど、子どもが在宅している場合のストレスはもちろん、会社からプライベートをトータルに監視されている気分になれば別のストレスが生まれる。ストレスが疲労を生む。感染症による「死の恐怖」も原始的な心性を呼び覚ました。コロナ禍という試練が恐怖を、恐怖は疲労を、疲労は怒りを生む。その怒りが「加害欲求」「他罰欲求」として現れたのだ。

いじめはもともと、少数者に対する多数者の優越を確認することで、ストレスを発散し「多数者の絆」の確認をするものでもある。いじめの被害に遭うこと自体が「恥」の感情につながるようにできている。コロナ禍による疲れの発散の一つである「他罰」現象も、被害者の側に「抵抗」どころか罪悪感を植えつけてしまう場合が多かった。けれども、罪悪感とはすでに自分で自分を裁いていることにほかならない。自罰感情と他罰感情は、実は、切り離せない関係にある。

メア・クルパ

カトリックの典礼では、ミサの初めに「告白の祈り（コンフィテオール）」という罪を懺悔《ざんげ》するものが歌われてきた。中世から近代にかけて、私は罪を認めて告白します、という意味のラテン語から始まるもので、そこから自分の胸を叩きながら「メア・クルパ、メア・クルパ、メア・マキシマ・クルパ（私の過ち、私の過ち、私の重大な過ち）」という慣用句を唱えることが始まった。

カトリック文化圏の国では日常の表現としても、自分の罪を告白したり過ちを認めたりするときに使われる。自分を「罪びと」として神のゆるしを請うもので、その仲介をするのが司祭職なのだが、一対一のゆるしの秘跡と違って、集団を前にして「聖人や信徒を含む共同体に対して犯した罪」を公に謝罪するという形式になっている。

どこの文化にも、生前の善業悪業を秤にかけて死後の運命を決めるというタイプの宗教は存在してきた。共同体の秩序を保つための知恵の一つだったのだろう。いろいろな方法で「神意」に伺いを立てて真偽や正邪、有罪か無罪を判定する神明裁判もその一つだ。日本では盟神探湯《くがたち》が有名だが、ヨーロッパでも、熱湯や油の中から石や指輪を取り出せるか、水に沈められて浮いてくるか、両手を十字架のように伸ばしてより長く耐えられるか、などの方法があった。それらも、ローマ人やゲルマン人の古代文化から継承されたもので、ローマ・カトリックが広がった後も「神意」を諮《はか》るために続けられた。

とはいえ、本来のキリスト教は、人が人を裁かない。武力による決着を避ける方便として神明裁判は温存されたけれど、一二一五年のラテラノ公会議で、司祭が神明裁判に立ち会うことが禁止されている。それでも地方における「魔女裁判」などで「神明裁判」は生き残っていた。

キリスト教では、ユダヤ教の律法で石打ちの刑にされようとした姦通の女をイエスが救ったときの「あなたたちの中で罪を犯したことのない者が、まず、この女に石を投げなさい」(ヨハネ8・7)という有名な言葉にあるように、神の前で罪びとである人間同士が裁き合うことを否定している。罪のないイエス自身が十字架につけられるという理不尽な刑に処せられたときでさえ、「父よ、彼らをお赦しください。自分が何をしているのか知らないのです」(ルカ23・34)と父なる神のゆるしを請うたほどだった。

律法の運営では「……をしないと罰せられる」というロジックが適用されてきた。

イエスは逆に、「……をすれば神の国に迎えられる」という生きる価値を強調する。それを貫いているのは「常に自分よりも相対的に弱い人の側に立つ」という姿勢だ。「隣人を愛する」ことのたとえである「善きサマリア人」の話でも、傷ついて行き倒れていた人を助けたサマリア人を真の隣人であると言うけれど、傷ついた人を見捨てたレビ人を罰するべきだと言っているわけではない。裁けるのはいつも神だけなのだ。

イエスは人々を「ねばならない」という強迫性から解放した。「慈しみ」は喜びを伴うものとなる。

セーフティネット

イエスがこうして形式的な律法遵守主義を徹底的に捨てて「愛」を説いたにもかかわらず、「教え」の後にできた宗教のさまざまな作法は、人々を他罰や自罰の道へと追い込んでいくことになった。胸を叩いて「メア・クルパ」と叫ぶとき、それは神のゆるしを請う前にすでに自分の基準で自分を裁いていることになる。それは人を罪へと誘惑する「悪魔のささやき」の別の形だともいえるだろう。

共同体のあるところにはその秩序を守るための規則が必ずあり、規則を破った者を裁くシステムがある。そのシステムに適応して存続してきた社会の構成員は、与えられた規則や基準に自分や他人のあり方を照らし合わせて行動を決める。実際に裁かれて罰せられることがあり得るわけで、イエスもまた、彼の生きていたユダヤ社会の律法遵守の原理主義が絶対視する基準を脅かしたことでとらえられて裁かれた。それでもイエスは、加害者たちを責めることなく父なる神のみ旨に従った。そのイエスが「復活」したことは、強者、支配者がさまざまな暴力装置を使って弱者、被支配者を裁き、淘汰するという社会のあり方を根底から覆した。

この世には、「規則」を楯にとることとすらなく、単なる「弱い者いじめ」という暴力の発露すらある。しかも、いじめの被害者が恥を刻印され、いじめの加害者が強さの「勲章」として記憶されることとさえあって、いじめられたトラウマを抱えて生きている人がいる。恥の感覚が生む倒錯的な自罰感情を徹底的に払拭して、しかも、勝ち誇る加害者に対して他罰感情を抱かないでいるというのは至難の業だ。

あるとき、ユダヤ教のラビとカトリックの司祭が信仰について話すのを聞いたことがある。ユダヤ教にはキリスト教のいう意味での信仰がない、なぜなら「出エジプト」という事件のエビデンスがあるからだ、とラビがいう。神を信じるというよりも、神の正義に意味があることを信じ、義にかなった行動規範を守ることがユダヤ教の中心になる。

一方でキリスト教は、イエスという「人」を信じる。正義とはその信仰の中で生きるものであり、義にかなっているかどうかを決めるのは神の裁きであって、罰はない。神の正義が私たちを義とする。キリスト教では罪はすでにキリストによって贖われているから正義と罰とは相いれない。信仰は神からの賜物であってそれを正しく生きる、というわけだ。神だけが人の心の底にある矛盾や葛藤を知っている。パウロの言葉も思い出す。

「そればかりでなく、苦難をも誇りとします。わたしたちは知っているのです、苦難は忍耐を、忍耐は練達を、練達は希望を生むということを」（ローマ5・3〜4）「兄弟たち、万一だれかが不注意にも何かの罪に陥ったなら、〝霊〟に導かれて生きているあなたがたは、そういう人を柔和な心で正しい道に立ち帰らせなさい。あなた自身も誘惑されないように、自分に気をつけなさい。互いに重荷を担いなさい」（ガラテヤ6・1〜2）

自罰も他罰もしないことは、罪悪感の抑圧や逃避ではない。「重荷を背負い合う」ということだ。互いに背負い合うときにだけ、それをともに背負ってくれるイエスを感じることができるのだろう。

苦難のときのセーフティネットは、いつも、神の愛。

コロナ禍と「自由」

マスク警察、自粛警察

日本で新型コロナ・ウイルスの蔓延が喧伝されていたころ、「マスク警察」や「自粛警察」という言葉が聞かれた。外出規制中のフランスからそれを見ていて、外出にもマスク着用にも罰金の発生するような条例がない日本で、そのような圧力があることにあらためて驚いた。

外出規制が解かれたフランスで真っ先にマスク着用が義務づけられたのは、バスやメトロなどの公共交通機関だ。パリのメトロでは駅の構内もメトロの中もマスク着用が義務で、違反したら一三五ユーロ（一万五千円）の罰金を徴収された。

そのころニューズウィーク誌のコラムに、人々にマスクをつけさせるためには

アメリカ政府は「マスクをつけたらヒーローだ」と言えばよく、
ドイツ政府は「マスクをつけるのがルールです」と言えばよく、
イタリア政府は「マスクをつけたらモテます」と言えばよく、
日本政府は「みんなマスクをつけてます」とだけ言えばOK。

というものがあった。さしずめ、フランス政府は「マスクをつけなければ罰金です」と言えばいい、というところだろうか。

そんな時期に、ある日曜の午後、パリで七番線のメトロに乗ったら、一人のサックス奏者が、車内でバックミュージックを流しながらソロのパフォーマンスをしていた。当然、マスクを顎の下におろしてサックスを吹いている。これはもちろん「違反」だ。見つかったら、というより、そもそも演奏を聞きつけられただけで、マスクをつけて

いないとすぐわかる。

ところが、メトロに乗り合わせていた人たちは、みんな彼の演奏に耳を傾けた。ジャズのナンバーで、明るい曲だった。私は本を読んでいた。いつもなら、私にとってはどちらかというと「やかましいなぁ、読書に集中できない」と迷惑に感じる類の曲だ。でも、そのときは違った。

コロナ禍の中、メトロに乗ること自体がめったになかったうえ、車両内を流して回る「メトロのミュージシャン」に遭遇するのはさらに久しぶりだ。そもそも、外出規制の期間は、生徒のレッスンもせず、私の仲間たちとの室内楽の練習もしていない。自分で弾く以外に、「生の演奏を耳にする」機会がなかった。特に、オーボエ以外の管楽器は演奏しても飛沫が外に飛ぶことはほとんどないと言われるのに、再開され始めたオーケストラでも管楽器は自粛状態が続いていた時期だった。公共の閉鎖空間はすべてマスク着用になっているから、管楽器奏者が困っていることは想像に難くない。

そんな背景があったせいか、この生演奏に感じ入ってしまった。

ほかの人の多くもそう感じたらしく、吹き終わって回ってきたミュージシャンの差し出す紙コップに硬貨を入れる人がたくさんあった。私ももちろんその一人だ。そしてそうやってみんなが硬貨を入れるのを互いに目にすることで、さらに共感が広がるというポジティヴな雰囲気が一瞬生まれた。それだけで免疫力が高まりそうだった。

けれども、マスクをしないで歩いていたり電車やバスに乗ったりするなら批判の視線にさらされるという日本でなら、車両内で管楽器演奏などすると、すぐに「通報」されるかもしれない。日本の国内線でマスク着用を拒否した人が飛行機から降ろされるという例も耳にした。

マスクは、ほかの客に不安を与えることを防ぐものでもあるらしい。私は今でも、メトロのサックス演奏に励まされたことを覚えているし、それをほかの人々と分かち合ったぬくもりを覚えている。

キリスト教の自由と「良心」

自然法という概念がある。人間にはその自然本性に合致した「法」があって、その本源は自然や神や理性などといわれる。社会進化学的には、社会的動物である人間が共同体をつくって生きていくうちに、その共同体の存続を危うくするような行動をする者は長い間に淘汰されていく。一定の規範を自然に認める者たちが自然選択されて残るのだ。「殺すなかれ」というような普遍的な掟は、種の存続として合理的なものだ。一神教ではそれが神の意志から発せられたものだと考えられた。

多くの慣習法は自然法を反映はしているけれど、共同体内での階級差別や性差別、民族差別を固定する構造も至る所に見られるし、歴史の中では一部の権力者が恣意的《しいてき》な実定法によって「敵」を非人間的に扱う場合もまれではない。キリスト教世界の自然法からは、自分の言行について内在的な規範意識に照らして善悪や罪を判断するという霊的な省察の伝統が生まれた。いわゆる「良心」と向かい合うわけだ。日本語で「良心」というと標準仕様が「良い心」のように聞こえるけれど、キリスト教の「良心」は、善悪が混じり、ときに葛藤する心の中を見つめて、正しい方向を見いだそうとする働きそのものだ。聖パウロでさえ、「わたしは自分の望む善は行わず、望まない悪を行っている」(ローマ7・19)と言って、自分の中の「神の律法」と「罪の法則」の間で揺らぐことを認めている。

第二次世界大戦後にナチスを裁いたニュルンベルク裁判で、ユダヤ人ら囚人に対して非情な人体実験を施したナチスの医師らが裁かれたとき、「良心」への問いかけがなかったのかと質問された。医師たちは当時の自国の権力によって設定された「法」に基づいて合法的に行動したわけで、権力に従うことについて法的な責任を負う必要はない。実際、どのような戦争であれ、「敵を殺す」ことを命じられて実行する兵士は司令官から称えられこそすれ、罪に問われることはない。それでも、ある環境下で命令に従うことが「良心」の呵責をもたらす可能性はある。欧米の徴兵制において二十世紀に少しずつ確立した「良心的兵役拒否」と呼ばれるものは、それまで非国民として処罰の対象になった行為を、「良心の自由」のもとに認めるというキリスト教ルーツのものだった。ナチスの戦犯者は、実定法に反していなくても、その行いが「良心」に反していなかったのかと問われたわけだ。

感染症と自由

キリスト教では、神は人に「自由意志」を与えたことになっている。神はひたすら人を愛する存在だけれど、人は神からの愛を無視する自由さえあるのだ。だとしたら、コロナ禍でマスクや自粛が「要請」されることを「自由の侵害」だと受け止めて抵抗するのは自由の行使だったのだろうか。

キリスト教における自由とは、「束縛からの解放」だけではなく、より広く高い次元への開放を意味し、真実と自由を保障するのは神だけだ。では、「自由な選択」だと私たちが思っているのはどういうことだろう。

　自由な選択には三つのことが必要だ。まず、それが本当に自分の中からきているものかということだ。習慣や付き合いや場に迎合する気持ちに流されていないだろうか。いわゆる「同調圧力」とはいえなくとも、友人から山歩きに誘われる、食事の後で皆がデザートを頼もうとするということまで、雰囲気によって選択してしまうことが多い。本当にそれを自分が望んでいるかを検討することは、意外に少ない。

　二つ目に必須なのは「知識」だ。あることを自由に選択するといっても、その内容について、リスクについて、本当に知っているのだろうか。ドラッグストアに行って数々の薬や化粧品のキャッチ・コピーに惹かれて買い物をしたり、医師の治療方針を受け入れたりする場合に、本当に、自分の体質や症状や商品の成分や薬の副作用などを調べて納得しているだろうか。このことは、真の自由を得るために不可欠なものが「教育」であることを示している。人権や尊厳を蹂躙《じゅうりん》されて不当に搾取《さくしゅ》されている少数民族や子どもたちが本当に解放され自由を獲得するためのいちばんの武器は、教育なのだ。

自由な選択に必要な三つ目は、「目的」だ。階段を上がるという選択をするのには、二階に行きたい、行く必要がある、という目的があるように、最終的に目指すものなしには自由な選択はない。感染症の広がり、パンデミックと言われる状態において、さまざまな規制や要請が政府や社会から発せられる。このことについて過剰に適応して、自分だけでなく他者をも監視する側にまわる人もいれば、「自由の侵害だ」として規制を守らない人や積極的に抵抗する人もいる。私たちは、自由な選択に先行する三つの段階を検討しながら、何を目指して生きるのかを絶えず「良心」に問い続けなくてはならない。

「あなたたちは真理を知り、真理はあなたたちを自由にする」（ヨハネ8・32）というイエスの有名な言葉を有効にするかどうかは、私たち一人ひとりの、一つひとつの自由の行使にかかっている。

道徳と平和

おばあちゃんのチーズケーキ

子どもに「道徳」教育をするというときに、それが特定の規範や価値観を大人が恣意的に刷り込むのではないか、と懸念する人がいる。実際に、カルト宗教などで、教祖やリーダーを神格化したり、弟子に反社会的な使命を負わせたりするときに、それが「強制」だとは気づかせない二つの方法がある。「詭計《きけい》」と「洗脳」だ。といっても詭計はいろいろで、子どもが嫌がるものを受け入れさせるために親が罠を仕掛ける場合もある。それが「裏切り」や「反則」でないかは、そこに「愛」があるかどうかにかかっている。

例えば、私の子どものころには、給食を残す生徒には昼休みが終わるまで教室に居残りをさせるという教師が少なくなかった。残した食べ物は冷めてますます食欲を失わせるばかりで、それがトラウマになって大きくなってもそれが嫌いなままというケースもあるのは不思議ではない。一方で、子どもが苦手な野菜などを細かく切ってハンバーグなどにこっそり混ぜて食べさせる親もいる。愛があれば「臨機応変」は有効だ。教育とは、規則や道徳の厳守を教え込むことではなく、「愛ある知恵」とは何かを教えるものだ。

フランスのあるおばあちゃんのエピソードを思い出す。彼女は毎週訪れる孫のために、毎回手作りのチーズケーキを用意していた。あるとき、チーズケーキのタネをいつもどおり前の日から仕込んでおいたのに、当日の朝、突然オーヴンのドアが壊れてしまった。孫は、楽しみにしていたおばあちゃんのチーズケーキを食べることができただろうか。

答えはイエスだ。おばあちゃんがチーズケーキのタネを近くのパン屋に持って行って事情を話したら、パン屋が店のオーヴンで焼いてくれたからだ。

こんなとき、普通なら、運が悪いと嘆くだけで、そんな発想はなかなか出てこない。たとえ思いついても実行できない。毎日焼きたてのパンを売っているフランスのパン屋だし、おばあちゃんもいつもパンを買う顔見知りだったのだろうけれど、「孫に食べさせてやりたい」という気持ちがシンプルで型破りの発想になったのだ。そして「善意」は伝染する。パン屋は快く協力してくれた。

「わかること」と「できること」

物入れに幽霊がいると言い、怖がって眠れない子どもの話もある。ある親は物入れに鍵をかけてやった。子どもはそれでも安心できずに怖がり続けた。そこで親は、懐中電灯を持って夜中に手をつないで一緒に物入れを見に行ってやることにした。中に幽霊がいないのを見て初めて子どもは安心できた。

そのときに「手をつなぐ」という関係性が大切なポイントだ。神への信頼も同じかもしれない。勇気とは恐れの否定ではない。私たちは人生で出会う恐れや心配を封印せずに、神と一緒に通過してみることができるだろうか。

思えば律法学者たちやファリサイ派がイエスの前に姦通の女を連れてきたときのイエスの対応も意表をつくものだった。律法に従って石打ち刑にするべきだという正論にすぐに異を唱えたり議論したりせず、まず判断停止の「間」をとり、状況を相対的にとらえて「あなたたちの中で罪を犯したことのない者が、まず、この女に石を投げなさい」（ヨハネ8・7）という新しい関係をつくった。

イエスはすべての「同調圧力」やそこに潜む偽善を憎んだ。生き方を事前に準備することは「解決」ではない。道徳の真実はいつも関係性の中にある。人々が互いに挨拶をし合うのも、マナーの押しつけではなく関係性の尊重であり、情緒や共感込みの状況をつくるための方法だ。

テクノロジーが発達した今の時代には、気づかないうちに人間の「機械化」が進んでいる。多くの人が、自分が今どういう規則に従っているのかを「自覚」できていない。身体的な実感がないから、「わかる」ことと「できる」ことの隔たりは広がるばかりだ。コンピューターの内部がどうなっているのかわからなくても、無数の通信衛星や、海底を這う光ファイバーや、巨大サイバーで実際に消費される膨大な電気エネルギーに思いをいたさなくても、無数の端末の前で、ときには悪意や妬みへと収束していく孤独な人々が生まれる。

赤信号をみんなで渡れば……

ひと昔前、「赤信号、みんなで渡れば怖くない」というフレーズを時々耳にした。粛々と規則を守ることで有名な日本でそういうジョークが生まれたのは意外だと驚いたのを覚えている。交通規則というものは、本来恣意的なものだ。有無を言わせずに押しつけられる。赤信号を前にしたときに現れる国民性というのは確かにあると思う。

日本では車が途切れても歩行者は信号が青になるまで待つのが普通だ。フランスでは信号よりもまず車が来ないかどうかを見る。安全を確認すれば赤信号でも平気で横断する。そんなフランス人がロンドンに行くと慌てる。横断歩道がないところでは、車がスピードを落とさないからだ。車が歩行者を見てくれる確信がないので、さすがのフランス人も横断歩道や信号に頼ることになる。

そもそも赤信号の意義はなんだろうと考えると、もちろん「弱者の安全を守る」ものだろう。車同士の安全は別として、普通の道で歩行者が一人もいなくても、車は絶対に止まって青信号を待たなければならない。たとえ青信号になっても、歩行者を見れば止まらなくてはならない。「もしも」の接触では歩行者が相対的に「弱者」だからだ。歩行者には「免許」はいらない。大都市では、車の種類も運転者の階層も国籍も年齢も技術も性格もまったくばらばらだろうに、あれだけ多くの車が「弱者の安全を守るための規則」に服しているのは、考えてみるとすごいことだ。

逆に、「赤信号をみんなで渡る」というのは、強制された規範を弱者の「数の力」で無化するということになる。まるで「非暴力革命」のようだ。規則の目的は「歩行者の安全」だったのだから、みんなで渡れば「怖くない」という部分は、その本来の目的からは外れていないように見える。パウロは「エフェソの信徒への手紙」（2・14～15）の中で、キリストがイスラエルの民とそれ以外の人々を一つにし、「敵意という隔ての壁を取り壊し、規則と戒律ずくめの律法を廃棄」して、「双方を御自分において一人の新しい人に造り上げて平和を実現」したと言う。

道徳とは、モラルとは、規律とは、「平和をもたらすもの」でなくては意味がない。特に子どもたちに伝える「道徳」は、限られた「学校内道徳」や「地域内道徳」や「愛国道徳」ではなく、すべての人との平和な関係を実現する普遍的な価値を示すものでなくてはならない。弱者を見捨てることなく異なる個性が尊重し合って生きるための、優しく暖かい知恵を伝えることこそ、「道徳」教育でなく「教育」の真髄にほかならない。

福音の真珠

司祭の数

「一人」、とベルナール・ジルー司教は答えた。「司祭の数が足りない今、何人が必要だと思いますか」と聞かれたときのことだ。

ベルナール・ジルー司教はフランスのアヴィニョン生まれで、古典文学専攻でリセのフランス語教師を十年務めた後で司祭の道を選び、今はトゥールーズの北に位置するモントバンの司教だ。モントバンの南は大都市トゥールーズで働く人が多く住んでいるものの、北は失業者も多く、多くの社会問題を抱え、カトリック離れも進んでいるという。宗教戦争の犠牲も多かった地方だ。司教は現場主義を貫き、最も底辺の人にぴったり寄り添っている。政治や経済のシステムをはじめ、あらゆる既成体制が民衆から弾劾されている時代、政教分離の徹底しているフランスでカトリック教会への攻撃は「伝統的」でさえある。

それでも、ジルー司教は笑って言う。「カトリック教会が攻撃されるのは『生きている』からこそです。死んでいる者は攻撃されない」

そう言われてみればそうだ。キリスト教は歴史上何度も大規模な迫害に遭い、今も中東のキリスト教徒は苦しんでいる。フランスでもカトリック教会はちゃんと生きているということなのだろう。十六世紀から十七世紀にかけての日本であれだけ多くの殉教者が出たのも、彼らの信仰が「生きていた」から為政者に不都合だったのだ。

「司教区における司祭の数は問題ではない。イエスは世界中にたった十二人の使徒を送り出しただけでした。《聖なる司祭》が一人いればいい。アルスの司祭ヴィアンネなら一人でもいいのです」と司教は続ける。

十九世紀に生きた地方の一司祭ヴィアンネは、数々の治癒や予知などの「奇跡」によって生前から聖人だと噂されていた。一九〇五年に列福され「フランスの司祭の守護者」となり、一九二九年には列聖されてピウス十二世によって「世界のすべての教区司祭の守護聖人」になった。そのような「模範的な司祭」だから、その信仰は盤石だと思うところだが、死の前にこんなことを言っていた。

「もし、死んでから神が存在しないとわかったら私はとんでもない間違いをしていたことになる。けれども愛を信じることにささげた生涯を、後悔はしないだろう」

日本はキリスト教に救われた？

「宣教」という言葉を聞くと、近代以降の日本でキリスト教の宣教が大きなインパクトを与えてきた時期が何度かあったことを思い浮かべる。

黒船の来航とともに訪れた開国へのプレッシャーは、日本人よりも体格の大きい「西洋人」が日本よりも進んだ軍備を誇示することで、最初から上から目線の「覇権主義」

に支えられていた。突如として「国際社会」の中で「国家」として外交や通商の協議、交渉を西洋スタンダードの中で迫られた江戸幕府や、後の明治政府はどんなに心もとなかっただろう。

そんなときに伝えられた「キリスト教」の教義は、人類がすべて神に創られたものとして尊厳を有するという驚くべき普遍主義だった。唯一の創造神しかいないのなら、「自由」も「民権」も納得できる。欧米のキリスト者たちは国家間の文明、富、軍備の格差、人種の差などを不問に付する「博愛」を語った。それは日本人にとって光明となる呼びかけだった。

国際社会の一員としてだけではなく、それまで「君主への忠義」「親への孝行」などの儒教的徳目に縛られていた人々にとって、キリスト教の拠って立つ個人の「道義的人格の尊重」という考えは新しい世界を開くものだった。

福沢諭吉も、アメリカの独立宣言を意訳した「天は人の上に人を造らず、人の下に人を造らず」という言葉で「創造神」の考えを紹介した。キリスト教の理念と実際の欧米の教会の差別的な実態に失望した知識人たちも、無教会主義という立場でキリスト教普遍主義のエッセンスを伝えた。内村鑑三の聖書講義に通って人格の尊厳を確信し、すべての国家は歴史の審判を受けるという大局的な視野をもつに至った多くの人々が日本の近代化を支えた。南原繁《なんばらしげる》、矢内原忠雄《やないはらただお》、天野貞祐《あまのていゆう》、安倍能成《あべよししげ》、カトリックの田中耕太郎などが、教育者として、文部大臣として、人類愛と平和を唱える使徒となった。

日本でも儒教のほかに仏教という普遍宗教が「慈悲」を説いていたのに、それは近代国家形成の原理として採用されず「廃仏毀釈《はいぶつきしゃく》」が行われ、神道的愛国心が構築された。そのときに一神教をモデルにして現人神天皇のもとですべての臣民が「天皇の赤子」だというイデオロギーがつくられた。その求心力は、後にヒットラーからさえ羨《うらや》まれたといわれる。「超越神」のいるキリスト教文化圏では為政者が神になるハードルは高い。

隠れた真珠

全体主義が敗退した第二次大戦後の日本に駐留したシーフェリンは、リンカーンの思想と『新約聖書』のキリスト教的博愛心をもとにアメリカン・デモクラシーを熱心に説いて回った。マッカーサーも占領政策はキリスト教に基づくとした。キリスト教は「アメリカ思想の押しつけ」ではなく、「御国のこの福音はあらゆる民への証しとして、全世界に宣べ伝えられる」（マタイ24・14）という普遍的な宣教の文脈にあったのだ。

絶対平和主義を標榜《ひょうぼう》するキリスト教諸派も大きな役割を果たした。平和外交で国際的な信用を得ていた幣原喜重郎《しではらきじゅうろう》や皇室の周辺にも非戦主義のクェーカー教徒がいた。戦後の平和憲法が彼らの称揚《しょうよう》した平和と公正を目指す普遍主義に呼応し共感して生まれたのだとしたら、戦後七十年を超えて続く「平和」を実現したのはまさに「宣教」だったといえる。

けれども、残念なことに二十一世紀の現在の国際情勢は平和だと言えない。全体主義化した共産国ソ連とアメリカの冷戦が終わって解き放たれたのは、平等と博愛の民主主義ではなくて、規制のない新自由主義だった。弱者が切り捨てられテロが広がった。アメリカは相変わらず「人民を解放し民主主義」をもたらすと称して中東に武力介入したが、駐屯したのは平和主義者たちでなく軍産複合体の利権追求者たちだった。日本でもまた神道的愛国心の称揚や軍事拡大が既成の事実となりつつある。

「宣教」はもう普遍の言葉として語られないのだろうか。

アルスの司祭ヴィアンネは「清い魂は真珠のように海の底の貝の中に隠れているので誰も見とれたりしない。それを陽のもとにかざせば真珠は輝いて人々を惹きつける」と言った。二千年前に発せられた福音の真珠は、平和主義、人権主義、民主主義、平等主義の形をとって今まで何度も歴史の危機を救ってきた。とはいえ、貝の中の真珠、閉じられた聖書は、曲解される憲法と同じように為政者のエゴイズムを担保するものとなる。

危機の時代の「宣教」とは、メガ・チャーチで叫んで人々を心酔させることではなく、一人ひとりの心の中にあるはずの小さな福音の真珠を取り出して陽のもとで輝かせることなのだ、とアルスの司祭の声が聞こえてくる。

その3

困っている隣人に手を差し伸べるのは 難しいことですか？

フランスと聖ヨセフ

ヨセフの巡礼地コティニャック

「聖母ご出現」の巡礼地の中で世界最大のルルドを擁するフランスには、聖母の夫である聖ヨセフの巡礼地もある。ルルドと同じように「奇跡の水」が湧くコティニャックだ。

地中海から遠くないベシヨンの山麓、シェンベールの森に迷い込んだ若い羊飼いガスパールが、喉の渇きで死にそうになって倒れ、神の名を呼んだとき、声が聞こえた。大柄な年配の男が現れて「私はヨセフ、起きて、その岩から水を飲みなさい」と告げたが、示された方向にある岩は大きくガスパールは倒れたままでいたが、再び促されて起き上がると岩はたやすく動き、水が湧き出した。

一命をとりとめたガスパールが顔を上げるとヨセフはもう姿を消していた。その岩は後で男が八人がかりでも動かすことができなかったという。ルルドでの聖母ご出現より二百年も前の一六六〇年六月七日のことだ。以来、その水を飲んだ人々には多くの奇跡の治癒が見られ、チャペルが建てられ、修道院が建てられた。フランス革命で修道院は閉鎖され廃墟になったけれど、人々は三月十九日の聖ヨセフの祝日を祝い続けた。「ご出現」が起こったのは若いルイ十四世の婚礼の日だった。次の年にルイ十四世は三月十九日を「国民の祝日」とし、フランスを聖ヨセフに奉献した。

教皇グレゴリウス十五世が聖ヨセフの三月十九日を普遍教会の祝日に制定したのは一六二一年のことだったけれど、それが各国に行き渡るのは為政者次第であり、実際はなかなか認知されていなかった。フランスで十五年も摂政を務めたマザランが死んだのは一六六一年三月八日の夜で、次の日の夜に二十二歳のルイ十四世が為政者となった。首相を任命せず、事実上の独裁者となった若い王は、三日後の三月十二日に、聖ヨセフの祝日を休日にすることを司教たちと相談し、一週間後の十九日にはフランス国内のすべての店が閉まった。その日、カテドラルでも教会でもなく、王のいるルーブル宮殿のチャペルで、王はフランスを聖ヨセフに奉献した。

名説教で知られるモーの司教ボシュエはカルメル会のチャペルで予定していた四旬節の説教を聖ヨセフ礼賛に急遽切り替え「ヨセフは今までどんな名誉も受けなかったが故に最大の名誉に値する」、「全能の神は隠れた徳を明らかにした」と結んだ。「太陽王」の権勢を誇ったルイ十四世はその後でコティニャックも訪れている。

ヨセフとマリア

ルイ十四世の父であるルイ十三世は、王妃がルイ十四世を身ごもったことに感謝して一六三八年の条例でフランスを聖母マリアにささげた。聖母マリアの恵みによって生まれ、中世以来聖母を守護聖人とするフランスに君臨したルイ十四世が、どうして、権力の把握と同時にフランスを聖ヨセフにもささげなくてはならなかったのだろう。

神の子イエスがマリアだけでなくマリアの夫を父として必要としたように、聖母にささげられたフランスにも父が必要だった。たとえ光は当たらなくても、聖母の恵みの陰には聖母を支えイエスを育てた聖ヨセフがいつもいることは太陽王にとって自明だった。百三十年後、フランス革命によって聖ヨセフの祝日は撤廃された。聖母被昇天祭は復活して今も国民の祝日だが、ヨセフは再び陰の存在になった。それでも、ヨセフは聖母のそばに、また姿を見せることになる。

それがフランスにある聖ヨセフのもう一つの巡礼地エスパリィだ。黒い聖母子像で有名な聖地ノートルダム・ド・ピュイから近い城塞のようなバジリカ聖堂である。シャルル七世の城跡を修復した大聖堂の上にイエスを抱いた二十二メートル四十の巨大な聖ヨセフ像がそびえている。その父子像は聖母の聖地からも見えるという。

十九世紀に、聖ヨセフを崇める二人の貧しい女性が古城をベツレヘムやナザレに見立てて、聖ヨセフの画像を祀って通い祈るようになったのが始まりだった。神の子の父として与えられ、キリストを腕に抱き、成長を見守った聖ヨセフに向けた「アベ・ヨセフ」の祈りが「アベ・マリア」に倣って唱えられた。多くの人々がそれに加わり、小さなチャペルが建てられ、それを見た若い裕福な司祭フォントニーユが私財を投じて城跡のある岩場を購入し、大聖堂が建つことになったのだ。その聖ヨセフへの信心はやがて海を渡った。

ヨセフを守護聖人とするカナダのフランス語圏であるモントリオールには聖ヨセフのバジリカ聖堂が建っている。二十世紀の初めに、フレール・アンドレという修道士が聖ヨセフの小像の前で燃やす聖油を塗布して祈ると、多くの奇跡の治癒が起こった。アンドレは聖ヨセフに託した思いを込めてマウント・ロイヤルの小さなチャペルを建てた。「聖ヨセフの油」による奇跡は続き、直径三十九メートルのドームをいただく北米屈指の大聖堂が完成した。アンドレが一九三七年の公現祭に九十一歳で帰天したときには百万人もの人が別れを惜しんだ。聖堂は今でも世界一の聖ヨセフ巡礼地となった。アンドレは二〇一〇年に列聖された。

ヨセフがひっそりと現れるところに彼を必要としている人が集まる。それはヨセフの生き方に惹かれるからだ。ヨセフの聖地を訪れる人々がヨセフに寄せる信頼は絶大だ。普通は、聖人をとおして神への願いを取り次いでもらうが、ヨセフは神に大きな「貸し」があるので、懇願しなくても神に堂々と注文できるというからだ。

実際人々がヨセフに託す祈りは、家が欲しい、家族を養いたい、仕事が欲しいなどの生活に即したものが多く、それがかなえられるときの特徴は、ぎりぎりのタイミングで意外な方法で起こるということだそうだ。

ヨセフの伝えたもの

ヨセフが十七世紀のフランスに姿を見せたのは、カトリックの改革後の信仰の高まりの中で聖母訪問会を創設したサヴォワのフランシスコ・サレジオ師やサンシュルピス会を創設したパリのジャン＝ジャック・オリエ神父らが、それまで大きな崇敬の対象となっていなかったヨセフを称賛し始めたことと関連しているだろう。

すでに四世紀の神学者ナジアンゾスのグレゴリオスは「主はすべての聖人の光と輝きを太陽の中に集めるようにヨセフの中で一つにした」と言っていたが、中世をとおしてヨセフはいつも「謙虚な家長」として「父なる神」の陰に隠れていた。

ヨセフという太陽がついに全貌を見せたのは、十五世紀のことだった。十四世紀後半の教会大分裂の危機の後で、カトリック教会の父としてのローマ教皇の威光が陰ったときに、神学者たちは目に見える「父」の新しいシンボルを必要とした。キリストが無力な赤ん坊としてこの世に現れたときに、幼子イエスを愛し、尊び、守り、世話をしたヨセフ以上に「父」を体現しているものがあるだろうか。ヨセフが崇められる時代がやってきた。

ベツレヘムの聖カタリナ修道院のドミニコ会修道女は、婚約者マリアが身ごもっていることを知ったヨセフのリアクションの中で最も驚くべきことは、律法に従った石打刑からマリアを守るためにそれを公にしなかったことではなく、秘密の中でマリアを自由にしようとしたことだという。「夫ヨセフは正しい人であったので、マリアのことを表ざたにするのを望まず、ひそかに縁を切ろうと決心した」（マタイ1・19）がそれだ。すると主の天使が夢に現れて「ダビデの子ヨセフ、恐れず妻マリアを迎え入れなさい。マリアの胎の子は聖霊によって宿ったのである」と告げたのでヨセフは自分が神に信頼されていることを知った。マリアは受胎告知を受け入れたけれど、それはヨセフの決意と保護なしには、とうてい成就できない難題だった。ヨセフはマリアとともに選ばれたのだ。どんな天使も聖人も、ヨセフ以外に「神の子の父」と呼ばれた者はいない。

イエスの誕生後、ヨセフは天使のお告げに従って、今度はエジプトに亡命することになるが、危機が去るとナザレに戻った。旧約聖書のモーセがエジプトから約束の地へイスラエルの民を連れてきたように、ヨセフもエジプトからナザレへ神の子とその母を連れて戻った。救いの約束がこうして果たされたのだ。

一世紀のナザレは四十軒くらいしか家のない集落だった。ヨセフは大工で物づくりの職人だった。材料をリスペクトし、神に感謝しながら厳密に仕事をした。そこで息子に技術を伝えた。

イエスは神の子だったが、養父ヨセフによってユダヤ性、人間性を教育された。子なる神を養うことで「父性」を伝えたのがヨセフだった。ヨセフなしにはイエスは生き延びられなかったばかりではなく、本当の意味で「人の子」にはなれなかった。

聖母はイエスに「体」を与え、ヨセフはイエスに系図（ダビデの家系）と名前を与えたといわれるが、ヨセフに守られ、ヨセフの背を見て育ったことが、神の子イエスを「等身大の人間」にした。「受肉」が完成するには人間の父が必要だったのだ。

沈黙する家長ヨセフ

少年イエスがエルサレムの巡礼で両親に無断で神殿に留まっていたのを見つけて驚いたとき、叱責したのは母のマリアだった。

「なぜこんなことをしてくれたのです。御覧なさい。お父さんもわたしも心配して捜していたのです」（ルカ2・48）とマリアは言ったが、ヨセフは何も言っていない。「私が自分の父の家にいる」というイエスの言葉を聞いて、自分の立ち位置を突きつけられたヨセフは心の中で畏怖したのだろうか。

聖ヨセフの人生のエッセンスは神の子の陰に、神の子の母の陰に隠れているように見えるけれど実は、神の中に隠れている。だから捜す価値がある。ヨセフのいるところが神のいるところだからだ。思えばコティニャックに現れたヨセフも人々に向けた「お告げ」の言葉を残していない。福音書の姿と同じように沈黙の聖人だ。けれどもヨセフの沈黙はすべての言葉を超える。

コティニャックでは一九七八年に女子ベネディクト会の「ベシヨンの聖ヨセフの泉」修道院が完成した。ヨーロッパの守護聖人である聖ベネディクトと普遍教会の守護聖人である聖ヨセフに守られて、「あなたたちは喜びのうちに救いの泉から水を汲む」（イザヤ12・3）という銘の傍らにつけられた蛇口からは今も水が湧き続けている。

昼も夜も音の絶えることがない時代に生きている人たちが、ヨセフの泉の修道院に黙想にやってくるのには意味がある。

それだけではない。ヨセフの祝日はフランスの休日ではなくなったけれど、フランスの家族の形には独特の絆が見られる。離婚も事実婚も多いのにいわゆるシングルマザーが少ない。養子を迎える家庭も少なくないし、実の父でなくとも子連れの母に寄り添う男も多いし、何よりもそれらの多様な形の家族や親子に対する世間の目にも、法律にも、偏りがない。まるで、沈黙したヨセフが今もどこかで「家族」の本当の意味を伝え続けているかのようだ。

私たちも、耳をすませば「家族を家族にするのは、いつも、より小さな存在への慈しみと献身だ」というヨセフの言葉が、聞こえてくるかもしれない。

カトリックでよかった

コロナ禍で見えた世界

二〇二〇年の「まさかのコロナ禍」を、フランスに閉じ込められた形で過ごすことになった私は、思いがけず、閉塞感や不安を日本にいる人々と共有することになった。イタリアやフランスでの新型コロナウイルスによる死者数は「発生源」だった中国をはるかに上回り、日本とは比べ物にならないほどの多数に上ったから、桁違いに犠牲者の少ない日本ではまったく危機感が違うだろうと思っていた。しかし、グローバリゼーションの中で、情報だけではなく表現や恐怖や行政への不信などがまったく同時進行で繰り広げられたからだ。

ベースになる絶対数がまったく違ううえに、罰則つきの多くの規制がなく、すべては「自粛」の要請に基づいている日本なのに、イタリアやフランスと同じような危機感が伝わってきて、私にとってはある意味で、日本の友人知人たちと「試練」を共有できるということで孤立感を免れることができて、ありがたいことだった。

けれど、コロナ禍の危機感を煽るかのように日本で何度も、「今日のミラノやニューヨークは明日の東京」だと叫ばれていたのには大いなる違和感をいつも抱いていた。「昨日の武漢は明日の東京」とは言われない。ミラノ、ニューヨークと、まるでファッションの最先端のように、負のグローバリゼーションも「欧米」を向いているように思えた。確かにイタリアやニューヨークで病院の廊下にまでびっしりと患者が寝かされていたり、葬儀の場所がなかったり、埋葬場所が急増設されたりなどという映像は、まるで映画を見ているように非現実的で、不安を抱かせるものだった。フランスでも、最初にクラスターとなったアルザスで野戦病院が設営され、患者がヘリコプターや特別列車で他の地方へ移送される様子を毎日のように見せられた。

それでも、アジア以外で最初にコロナ禍の舞台になったのが、ローマ・カトリックの本拠地であるイタリアで、しかも復活祭前の四旬節のまっ最中にそれが始まったということは、後から振り返ると、恵みでさえあったと思うことがある。

イタリア、スペイン、フランスとラテン系カトリック国で次々と犠牲者が出て、EUの連帯が吹き飛んで次々と国境が封鎖されていく中で、少なくとも、カトリック教会は、これまでの歴史上の「疫病」に対するマニュアルを継承する基本姿勢を忘れなかった。同じように初期に犠牲が多かったイランへの経済制裁をやめることをアメリカに訴えたことでイランから感謝されて、これからも宗教同士の連帯を築いていこうというコメントが教皇庁に寄せられたことからもわかる。宗教には政治や経済や各種の損益計算原理を超えた、より高い次元での価値判断があると示す貴重な機会にもなった。

思えば、中国で初期に展開された「対策」はひたすら感染者を隔離する、感染多数の都市を封鎖するというもので、新型コロナウイルスとは別のすべての病気や障がいや精神的なケアが不問に付されて、どのようなことが起こったのかは闇に包まれている。それとは逆に、「強制的な隔離」を正当化できるような政治体制のないヨーロッパでは、「持病がある人や高齢者」などの「弱者」を守りましょうというスローガンのもとに、外出規制などの対策が次々と打ち出された。「弱者を守る」ことを基本理念として掲げた以上、店を閉めなければならない人、仕事ができなくなる人たちも国家が全面的に補償するという対策が当然セットとなって打ち出された。

この「弱者を守る」「弱者に寄り添う」「弱者を優先する」という理念は、明らかにキリスト教からきているものだ。世俗化したヨーロッパで、冷戦以後はさらにアメリカ発のグローバリズムと新自由主義経済に席巻された社会で、弱肉強食の原理と対極にあるこの理念がまだ潜在的に説得力をもっていたことに驚かされた。

日本のようなほかの国も同じスローガンを採用したけれど、その根っこにある「弱者の中にキリストを見る」という含意はもちろん存在しない。「菩薩行《ぼさつぎょう》」の伝統だけでは、恐怖や疑心暗鬼の盾にはならない。

フランスのカトリックとコロナ

実際、ロックダウン中も、カトリック系の各種のＮＰＯは、司祭たちも含め、路上生活者や生活困窮者のために奔走することをやめなかった。食べ物、石鹸、寝袋、マスクを配った。

一般人は自宅に隔離されているのだから活動ができない。だからこそ、実際に重症者を救うために日夜戦っている医療従事者に感謝して、彼らを励まし讃えるという運動がどこからともなく広がった。毎日午後八時には、アパルトマンの窓辺やベランダに出て、拍手をするというものだ。音楽家や芸人が病院の中庭に来て医療者を応援するためのパフォーマンスをしたり、一流レストランのシェフが食事を届けたりする光景も報道された。感染を極度に恐れる人たちももちろんいたけれど、発症して入院し、全快して無事に戻ってきた人たちが拍手で迎えられるシーンが普通に見られた。

普段は個人主義で利己的にふるまっている人々が「非常事態」においてこういう行動パターンを見せることには、驚かされた。危機のときにこそ、キリスト教のいちばんシンプルで本質的な教え、社会的な弱者に積極的に寄り添い、自分の与えられるものを分け合いなさいという教えが意識の表面に出てくるのだとしたら、その実践を見聞きするだけで元気が出て救われる思いがすることを実感した。

一方で日本では、救急車で運ばれただけで近所から村八分にされかねないという恐怖に囚われる人が続出した。たとえ回復して帰ってきても、もうそこには戻れないくらいのプレッシャーがあるという。感染症の恐怖よりも、感染による社会的制裁の空気が重く、感染者と「謝罪」が結びつくようになっていた。

それにつけても、これまで日本で災害の後に、人々が店を襲ったりしないで整然と並んで支援物資を受け取る光景が海外で報道されて何度も称賛されたことを思い出す。日本人としてそれは誇らしいと思っていたのだけれど、ひょっとして、弱者がおとなしく指示に従っているだけで、そんなところで秩序を乱したら瞬く間に周りの人すべてから白い目で見られて制されるという圧力の結果だったのかもしれない。実際、コロナ禍でのトイレットペーパーの買い占めや、マスクの買い占めなどの様子を見ると、「思いやり」に感動するような光景はとても見られなかった。

一方、日本と比べて桁違いの犠牲者を出したフランスのコロナ禍において、「弱い者を守る」というのが決して上から目線の施しではなく、十字架にかけられた神の子を弱者の中に見るというキリスト教の感性にはつくづく助けられた。世俗化していようとも、他宗教他民族が共生していても、共和国理念である自由、平等、博愛を形づくったキリスト教が、最も必要とされるときに力になってくれることに感謝する思いだった。カトリック教会は、北イタリアの司祭たちが病者の秘跡や葬儀などをとおして多くの犠牲者を出したけれど、感染者や医療者を牽制《けんせい》するような姿勢は、もちろん一切見せてはいない。

教会が閉鎖されたり公開ミサが停止されたりしたのは日本もフランスも同様だ。その代わりにインターネットでミサや他の典礼が配信され、新しい形のつながりが次々と生まれたのも世界中に共通した現象だった。ミサが再開されても、感染予防のためにマスクを着用したり聖水盤を空にしたり、口での聖体拝領をやめたり、手を消毒したり会衆席にスペースを空けるなどの対策が講じられたのも同じだと思う。

けれども、復活祭も過ぎて罰則つき外出規制が解除され、聖母被昇天祭を前にようやく公開ミサが再開されたフランスのミサの雰囲気と日本で再開されたミサの雰囲気はかなり違っていたように思う。フランスの都市部のミサでは、もともと、その教区民として認められていないどこの誰が入ってきても特に関心をもたれない。結婚や洗礼、子どものカテキズムや初聖体やその後のコミュニオン・ソロネルと呼ばれる家族の祝い的な行事の間に培われるグループや、慈善活動にかかわる人や、一握りの信徒をのぞけば、復活祭やクリスマスなどだけに誰が顔を出してもどこの誰かとは問われない。それはミサが再開されてマスクや着席制限などが課せられても同じだった。いやむしろ、マスクをつけ、席が離れているせいで、匿名性がますます増した感じだった。一方で、磔刑像や聖体との距離がむしろ縮まって親密感が増した。

ところが、日本では、教区の共同体からクラスターを出しなどしたら信徒間にもパニックが起こるだろうし、地域からも後ろ指をさされる可能性があるというので慎重さの度合いが違ったようだ。高齢者、熱のある人は来ないようにというだけではなく、感染者はそれを申告しなくてはならないし、濃厚接触者をトレースできるように予約や参加者名簿、連絡先の作成で、参加者の正確な把握が求められた。実際に、クラスターの出た店や教育機関や団体、家族らが中傷され謝罪を要求されるような空気があるからだ。個人が特定されて自宅に石を投げられたりするなどの原始的な攻撃も展開された。そのような空気の中では、たとえ感染の可能性のあった人でもとても教区に申し出るような勇気は出ないかもしれない。

教会は即座に閉鎖される。「みんなに迷惑をかける」恐れのほうが、「コロナに感染する」恐れよりも大きい。ましてやその「陽性者」「感染者」が例えば英語ミサにあずかっていた外国人労働者などだったら、「恐れ」が「差別」意識に引火することもある。

パリ大司教オプティ師とコロナ

医師免許をもち、十年の臨床経験もあるパリ大司教のオプティ師は、二月にイタリアから戻ってきた司祭の新型コロナ感染が判明したこともあって、政府による指示よりも前に公開ミサの一時停止を決定した。三月十二日にはアンジェの司教の感染が確認された。三月九日から十二日までをアド・リミナ（五、六年に一度司教が教皇と面談する）のためにローマで過ごして帰国したばかりだった。フランス西部の三十人の司教が同行していた。教皇は二時間半を彼らと過ごしたが安全距離を保っていたという。六十五歳のデルマ司教は軽症だったが自己隔離をしたのは言うまでもない。

パリのオプティ大司教も、三月に感染し、その症状だった嗅覚麻痺は、半年たっても残った。でもそのことについて、パリのあるいはフランスのカトリック界が戦々恐々となったことはない。隠しもしないけれど、騒がれもしない。オプティ師は、まったく平常に戻ったけれど嗅覚麻痺が残ったので、「羊のにおい」というたびに少し申し訳ない気がする、と言っていた。
羊のにおいというのは、「わたしは良い羊飼いである。わたしは自分の羊を知っており、羊もわたしを知っている」（ヨハネ10・14）について、教皇フランシスコが、福音宣教共同体というのは、言葉と行いによって、他者の日常に近づき、必要に応じてへりくだって、苦しむイエスの体を触れるように人々に触れることで人としての生をまっとうしなければならない、福音宣教者がこうした「羊たちのにおい」を発するからこそ、羊たちは耳を傾ける、と言ったことに基づく。（「自分の羊の真ん中にいる、羊のにおいのする牧者となってください」二〇一三年聖木曜日）
そのためには、見失った一匹の羊を追い求めることも辞さない。「現場の人」である教皇フランシスコはこの「におい」について後にも触れている。
わたしたちはこのたとえ話についてたびたび考える必要があります。キリスト教共同体には、いつも誰かが欠けており、その人がいなくなると、空白が残ります。それにより、しばしば気力がくじかれ、それは不治の病のように避けられない空白であると考えるようになります。このように、わたしたちは羊のにおいではなく、柵のにおいのする囲いの中に自分を封じ込める恐れがあります。キリスト者はどうでしょうか。わたしたちは閉じこもってはなりません。閉じこもったら、腐ったにおいになってしまいます。絶対にいけません。出かけて行く必要があります。自分が「正しい」と思いこみ、自分自身の中に、自分の小さな共同体の中に、そして小教区の中に閉じこもってはなりません。それは、他者との出会いへとわたしたちを導く宣教への熱意が欠けているときに起こります。(二〇一六年五月四日の一般謁見演説)

つまり、新型コロナ感染症の後遺症について「においがしなくて申し訳ない気がする」というのは、神学校に入る前の十年間を病院の一般医としてまさに「現場」で生き、現場のにおい、苦しむ人々のにおいを身につけてきたオプティ師ならではのユーモアであるわけだ。そのように語ることができる余裕にも救われる思いがする。オプティ師は、「病院の医師にとって現場は戦場、病気は敵であり、全力で戦っている。それでも、勝ち続けることは絶対に不可能だ。いつかは《死》が勝利する。司祭になって、《死》は打ち破ることの不可能な敵ではなく、永遠の生につながるものとなった」とも語った。

医師でもあるパリ大司教として、教会での衛生、予防に最大の合理的な対策を講じながら、病や死を超える「永遠」に目を向けることを促してくれるオプティ師からは、きっと「羊のにおい」がたっぷり放たれていることだろう。あらためて、「苦しむ人にイエスを見て、へりくだって世話をさせてもらう」というキリスト教の、倒錯的かとも思えそうな教えが、このようなキリスト者を育み、コロナ禍の社会で大きく意味を持ってくることが確認できた。いつ自分が「感染者、弱者」になるかもしれないという不安な時期のフランスで、「カトリックでよかった」とつくづく思えたことは忘れられない。

いのちが「歩み」である話

オランダの少女の自死

二〇一九年の六月の初め、オランダで十七歳の少女が死んだことをめぐってフランスのメディアがスキャンダラスに取り上げたことがある。数度の性被害にあった少女がオランダでは合法化している安楽死を選んだと報道されたからだ。実際は、制度としての安楽死ではなく、死を決意して飲食を断った少女を周囲が見守ったということで騒ぎはおさまったけれど、少女の自死をくいとめることはできなかったのかという問いは消えることがない。

性被害もいじめも、それを乗り越え、人生の一部分として消化して生活を築けた人も少なくないだろう。でも、嵐の最中にいる青少年にとっては、全存在を押しつぶすカタストロフィーなのだ。そしてそんなときにも、多くの青少年は、その悩みを一人抱えて親や教師などに語らず、内側から破滅していく。家族や学校も、崩壊する同じ舞台に属する一要素だからだ。

そんなときにもし、子どもたちが、加害者はもちろん親や教師とも別の世界で自分の苦しみを聴いてくれる存在を内面にもっていたらどうだろう。誰にもわかってもらえない、知ってもらえない苦しみを打ち明けることができて助けを求められる「相手」がいれば、絶望に至るまでの時間稼ぎができて、いつか別の風が吹き、出口が見えてくるかもしれない。

子どもたちにとって最大の「権威」である親が、先祖の位牌に手を合わせていたり、毎日ロザリオを唱えていたり、神仏に祈ったりするのを見て育っていれば、子どもたちは、目に見えるこの世の価値観やヒエラルキーに優越する存在を感じとったり想像したりできるだろう。子どもの目にもはっきりとわかる数字をベースにした採点制度や競争原理、自助努力論や因果応報などという弱者に厳しい世界とは別の地平からの光が差し込むかもしれない。けれどもそのような霊的な関係性の余地のない生き方をしているなら、自死によって子どもや生徒を失った家族や教師にとってもその喪失は「敗北」となって人生が蝕まれるという苦しみの連鎖が生まれる。

いのちとアニマ

「動物に魂はありますか?」と聞かれたフランスの司教がこう答えた。

「もちろんあります。魂とはアニマ、つまりいのちということですから、動物だけでなく、植物にも、生きているものすべてに魂はあります。ただ、人間と違うのは、人間だけが霊的な魂をもっているのです。だから人間だけが祈ることができるのです。神とつながっているのです」

人には、この世の体に宿るいのちを超えた何かをキャッチするアンテナがあり、つながることができるというわけだ。未成年の自死は、大人のように経済的な困窮だったり責任を果たせなかったりという原因ではなく、生きることへの拒絶、逃避がほとんどだ。いじめや虐待などに発する絶望から、魂がこの世の外にあるものとつながって生きる霊性を失った状態なのだろう。では、「祈ることのできる魂」なら、人は永遠に生きることができるのだろうか。「できる」とキリスト者は答える。

私の母の葬儀のとき、浄土真宗の葬儀では必ず唱えられる「朝には紅顔ありて夕べには白骨となる（蓮如の「御文章」より）」を何度も耳にした。少女時代から親しんでいた禅林句集からも「老少不定は世の常」という考え方にはなじんでいたのだけれど、母が急死したせいもあって、「朝に紅顔、夕べに白骨」の言葉は悟りにも慰めにもならず、胸に酷薄に喰い込んだのを覚えている。世は無常で、浮いたものにすがって生きる苦しみの海なのだろうか。

ソフィ・モリニエールの死

二〇一三年の七月十七日、ブラジルのリオ・デ・ジャネイロで開かれる世界青年の日に出席するために四十人の仲間と五日前に意気揚々とパリを発った二十一歳の学生ソフィ・モリニエールは、経由地のフランス領ギアナで事故死した。若者のグループの乗っていたバスにトラックが突っ込んでガラスが砕け、ソフィはバスのステップに投げ出されて意識を失ったまま絶命した。

ソフィはパリのグループ代表として毎日の様子をラジオをとおして報告していた。フランス第一のスポーツ新聞ディレクターだった父親は、妻からの知らせで娘の死を知った。子どものころから敬虔で、数々のボランティア活動をしている優しく明るい一人娘だった。その年に就任した新教皇フランシスコに会いに行くのを楽しみにしていたのに、どうして娘が死ぬことになったのだろう。両親は茫然とした。

無神論的立場で知られ同性婚法を成立させた当時のトビラ司法大臣はギアナ出身で、ソフィが両親のもとに帰れるように迅速に動いた。埋葬の翌日の七月二十五日、開会セレモニーに姿を見せた教皇は、ソフィのために一分間の黙祷をささげるよう願った。リオのコパカバーナの海岸を埋めた数十万人の若者たちがしんと静まった。ソフィの両親の携帯電話が鳴った。友人から知らされた二人は中継画像を見つめて息をのんだ。

ソフィの母ベアトリスの妹は赤ん坊だった娘を三十年前に亡くしていた。子どもの死は家族の悲劇であり、それを語るのはいつかタブーになっていた。ところがソフィの死は世界中の人に共有されることになった。九月には教皇からの私信が両親に届き、ソフィや家族への特別の祝福を約束された。その手紙は十月の追悼ミサで読まれた。

翌年のヨハネ・パウロ二世の列聖式に両親はバチカンに招待された。家族や知人の中から、洗礼を受ける者が次々と出てきた。思いやりの言葉があふれた。ベアトリスは、娘のいのちが絶たれたのではなくて広がったのを感じた。ソフィの死が「永遠」への扉を開いてくれたのだ。ソフィにささげるミサには毎年多くの人が集まり、ソフィの名を冠したブログには世界中からアクセスが続いている。

ベアトリスは今、「いのちとは失くしたり断たれたりするものではなくて、歩みなのだ」と知った。この世のいのちと死とあの世のいのちがあるのではなく、たった一つのいのちが死の後も歩み続けているのだ。「毎日は二階建てになった」とベアトリスは言う。二階にはソフィが歩き続けているし、自分もまたいつか二階に上がって生きるだろう。

教会が長い間自死を罪としてきたのは、その「歩み」をとめてしまうのを防ぎたかったからなのかもしれない。この世を去った人たちもいのちを歩み続けている。祈ることができて二階を感じることができるアニマを取り戻せば、ずっと前から続いてきて永遠にとまることのない「歩み」に加われるのだ。

生き難さを感じている子どもや若者はひょっとしてすぐそばにいて、小さな一歩を進めるために手を取ってくれる誰かを待っているかもしれない。彼らとつながることができれば、いのちとつながることも、きっとできる。

聖霊の舞うとき

幼児洗礼の楽しみ

フランスに住んでいると、よく出席するのは知人や親せきの赤ちゃんの幼児洗礼だ。突然水をかけられて泣きだす子もいるが、なぜかたいていは粛々と終わる。洗礼のタイミングに合わせて親も授乳の時間を調節して、満腹でぐっすり眠りこむ頃合いを見計らう。

司祭「いやぁ、おめでとう、泣きも叫びもしない子に洗礼を授けたのは初めてですよ」
母親「うちで一週間前から訓練したんですよ」
司祭「どうやって??」

母親「ジョウロで」

などという小話もある。

今のカトリックだから額に三度水をかけ流すだけだけれど、昔ながらに全身を水に浸けて清めるタイプのイニシエーション（通過儀礼）だったら、「訓練」もなかなか難しい。水にはそれだけで洗浄作用があるから、水垢離《みずごり》もあるし、神社の前で手や口を清めたり、モスクで祈る前にシャワーやウオッシュレットを使ったり、いろいろな文化で「清め」と結びつく。

洗礼ももともとは罪を洗い流す（というより溺れさせる？）イメージだった。だから、たとえ額に少し水をかけるだけの洗礼でも、それと並行して、無垢に見える赤ちゃんにしっかり「悪魔払い」の言葉がかけられる。そこで「祓《はら》われている」のが本当に悪魔だとか原罪だとかなのかはわからない。けれども、洗礼式に出席して眺めていたチベットの高僧が洗礼によって「前世との縁が切れる」と感じたというから、何かがリセットされてリスタートしているのだろう。

でも幼児洗礼を見ていていちばん印象的なのは、赤ちゃんの反応ではない。それよりも、その場でいちばん弱く小さな赤ちゃんを中心に寄り添ってその子を守っていこうという家族や代父母や、信者か未信者を問わずそこに集まった人たちの心が優しさでリフレッシュされていく感じだ。まるで赤ちゃんから祝福されている気分になる。

ヨルダン川の話

もう四、五年になるけれど、私のサイトで「カテキズムに通ってはいるが洗礼を受けるかどうか迷っている、竹下さんが洗礼を受けないわけを知りたい」という質問を受けたことがある。ある新聞のインタビューで私のことを「本人は信者ではないが」と間違えて書かれたのが目にとまったそうだ。

私は成人洗礼の前例のないフランスの北の村で共同体に加わった「冠婚葬祭カトリック」で、どなたの参考にもならないので目立たないようにしているが、その話題が出ると、「私はイエスと同じヨルダン川の水で洗礼を受けたんですよ」とつい根拠のない自慢をしてしまう。実は、巡礼でヨルダン川の水を持ち帰った人のおこぼれにあずかっただけで、水の絶対量が少なく、ジョウロどころか湿らせたコットンを額に当てられただけだったのだけれど。

ヨルダン川はレバノンの山に発してガリラヤ湖を経て南の死海に注ぐ川だ。ユダヤ人をエジプトから脱出させたモーセの死後、新たなリーダーとなったヨシュアは、いよいよヨルダン川を渡って約束の地カナンに人々を導く。そのころのヨルダン川は徒歩で渡れるような川ではないどころか、水が堤を超えんばかりに満ちる春の刈り入れの時期だった。対岸には、それまで荒野で暮らしてきた民の目にまぶしいばかりの金色の畑が広がっていた。

エジプトを出るときに紅海の水が二つに割れたように、祭司の足が川に入るや否や、川上から流れる水がせき止められて壁のように立った。祭司たちが主の契約の箱を担いで真ん中の川床に立ち止まっている間にすべての民が渡って、肥沃な土地に達した。

すぐに土地の収穫物を食べるようになり、神から支給されていた日々のマナも途絶えたという。

といっても、この「約束の地」への定住はカナン人を攻めて追い散らすことで達成された、なかなか激烈なものだ。ヤコブの一族はそれぞれ「領土」を獲得した。このときの確執が、その後再びイスラエルの民がこの地を追われ、二十世紀に再び「建国」した後で強引な植民地政策によって今も多くの犠牲者を生んでいることにつながるかのようだ。

荒れ野の続くこの地方で貴重な水源であるヨルダン川も今は大変なことになっているらしい。イスラエル植民者が灌漑のために水をくみ上げ、ヨルダンとシリアが堰を築き、この半世紀あまりで数十億㎥の水量を失い、奇跡がなくとも徒歩で渡れるようになった。泥で濁り、汚染され、下水の臭気を発する場所もあり、パレスチナの子どもたちの飲料水は不足している。

イエスが洗礼を受けたヨルダン川が、今はパレスチナ地域の経済戦略の重要地点となっているのだ。レバノン、シリア、ヨルダン、イスラエル入植地、パレスチナ自治区がヨルダン川を境にせめぎ合う。死海のレベルで地中海より四百メートルも低い場所で、ヨルダン川は各国のエゴイズムによって分断されているのだろうか。

イエスの洗礼と三位一体

二〇一五年の七月、死海から九キロ北に位置するヨルダン川東岸の「アル・マグナス」がイエスの洗礼地だとしてユネスコの世界遺産に登録された。多くの巡礼者が訪れてイエスの洗礼を祝う。思えばイエスが洗礼を受けた地点というのは、三位一体の神が初めてそろって活動を開始した場所だ。クレルヴォーの聖ベルナルドゥスはこの川を「父なる神の声が聞こえ、聖霊が現れ、子なる神が洗礼を受けた」ことで三位一体が「知覚」された聖所であるとした。洗礼者ヨハネが、「〝霊〟が鳩のように天から降って、この方の上にとどまるのを見」て、「水で洗礼を授けるためにわたしをお遣わしになった方が、『〝霊〟が降って、ある人にとどまるのを見たら、その人が、聖霊によって洗礼を授ける人である』とわたしに言われた」のを聞いたからだ。

復活のイエスが「父と子と聖霊の名において」民に洗礼を授けるようにと弟子たちに言い残したのもヨルダン川の追体験かもしれない。だとしたら、今世界で最も緊張をはらむパレスチナの国々を流れるヨルダン川は、分断どころかひょっとしてそれらの国々を結びつけ、同じ救いへといざなっているのかもしれない。

赤ちゃんに洗礼を望む親は、一人では生きていけない幼子が三位一体の霊的な働きの中で人生をスタートしてほしいと願う。成人洗礼を望む人は、新しい共同体への帰属を意識するだろう。洗礼を受けたものの教会から離れた人に「洗礼の恵みは神からの一方的な贈り物なので、それをなくす人も育てる人も捨てる人もいる」とある司祭が言った。けれどもそれが奪われることは決してない。

誰でも人生で、助けを必要としている隣人に目を向け、耳を傾け、手を差し伸べることができたなら、そのたびに、きっと、聖霊が鳩のように舞っている。

本当の「全人医療」

チャペルが病院の中心

高校の同級生だった知人から、あるキリスト教系病院に入院中だというメールをもらった。プロテスタント系のその病院のコンセプトは「チャペルを中心とした癒しの病院」で、吹き抜けの大きなチャペルのデザインが病院全体にイメージされているという。キリスト者ではない知人も病室で「新約聖書」を読んでいるというので驚いた。

毎朝の礼拝では職員が集まって、「全人医療」という理念を確認するのだそうだ。「全人」というのは「体と心と魂」の三つを視野に入れて治療するということで、今そこにある「不具合」の処置を優先する毎日の中ではたやすいことではない。それは患者自身も同じで、いったん「病名」がついて「病人」となると、「病気」や「苦痛」や「不安」に全人格を乗っ取られて委縮してしまう。港も航路も定かでない難破船に乗っているようだ。

私の母が晩年に病んだとき、カトリックの聖マリアンナ医科大学病院に付き添っていったことがある。病院内の聖堂は静かで誰もいず、母と二人で椅子に座っていたら自然に感謝の気持ちが湧いてきたのを覚えている。「医療」はビジネスではない、患者は顧客ではない、ということを思い出させてくれたからだ。

フランスには、中世からのカトリック・ネットワークによるホスピタリティー（おもてなし）で巡礼者や病者を無条件で受け入れる施設や病院が形を変えて存在し、パリには、十七世紀の女子活動修道会「愛徳姉妹会」をはじめとした修道会が創設した病院がたくさんある。カトリックを一掃したフランス革命政府もこの基盤を崩すことはできず、修道会の看護師たちを呼び戻すしかなかった。どの公立病院にも所属司祭がいるし、独立した聖堂を敷地内にもつところも多い。

十四区のノートルダム・ド・ボンスクール（善き救いのノートルダム）の聖堂では毎週一度の公開コンサートがあって、患者も職員も近所の人も遠くから来る人も自由に聴くことができる。私のアンサンブルも何度かそこで演奏したことがある。聖母や聖ヨセフの名を冠した産院もたくさんあって、あちこちに飾られている聖母子像は心理的な励ましと支えとなり、出産の不安も誕生の歓びも共有できる気持ちになる。

ある訪問看護師の話

フランスには独立した「訪問看護師」がどの町にもたくさんいる。退院時に病院で処方された注射を毎日決まった時間に自宅に打ちに来てくれたり、傷を消毒して包帯を取り換えたりなどの世話をしてくれる。健康保険が充実しているので患者にとっては基本的に料金が発生しないから、まるで、善意の奉仕者に接するような関係が生まれる。ほとんどの看護師は車で朝早くからあちらこちらの家を周り、雨の日も風の日も続けるのに報酬は決して高くない。

マリネットはフランスの北の地方で、そんな訪問看護師としての仕事を何十年もしてきた。あるとき、癌で余命が長くないと思われる老婦人のさまざまな処置をするために、毎朝通うことになった。もちろん患者は彼女一人だけではなくマリネットは近隣の町の多くの患者の住まいを巡らなければならない。適確な処置をてきぱきと迅速に行う必要があるのはもちろんだ。その老婦人の家を最初に訪れたときにドアを開けたのは夫である老人だった。

マリネットは夫人の寝室に案内されて処置をしたが、前日まで入院していたと思われるその夫人が不在だった後の家の様子を見てあることに気づいた。老婦人の夫はそれまで家の中のことを切り盛りしたことがなく、妻の重病でさらに茫然自失になっているのだ。老婦人もそれを感知している。マリネットが夫にタオルを持ってくるように頼んでも、何がどこにあるかもわからない様子だ。この先老婦人が回復する可能性はゼロに近い。この夫はどうなるのだろう。

マリネットは即座に決心した。毎朝、老婦人の看護をした後で、その夫に、「家事」を教えることにしたのだ。今日は洗濯機の回し方、次の日は洗濯物の干し方、そして、アイロンのかけ方、キッチンの整理、掃除の仕方、ゴミの出し方、買い物の仕方、料理の仕方、後片付けの仕方、ベッドメーキングなどを少しずつ、毎回、毎回、看護の後に自主的に時間を延長して、老婦人の夫が「自立」するように、暮らしの余裕をもって妻のそばにいられるように「教育」したのだ。

半年後、老婦人は再入院して亡くなった。けれども、残された夫はもう自力で生活する能力を身につけていた。老婦人もそれ見届けて安心できたことだろう。

三つの誘惑

「全人的」なかかわりというのは病者一人の体と心と魂だけではない、病者のいのちの流れの中にいるすべての人との関係も含むのだ。

思えばイエスはその活動時期のすべてをとおして、当時社会から疎外されていたハンセン病などの皮膚病をはじめ、精神障がい、身体障がいを背負う人々と積極的にかかわり癒していった。悪魔による荒野の三つの誘惑で、石をパンに変えること、神殿の上から飛び降りて天使に支えられることで神の子であると証明すること、権威と栄華を求めること、などをすべて拒否したイエスが、心身のハンディを背負った人々を「癒す」ことにおいては決してためらいを見せなかったのだ。それどころか、後に続く弟子たちにも、苦境にある「最も小さな人々」を癒し慰め寄り添うことが、イエスに寄り添うことなのだと言い残している。

カトリック教会は歴史上あらゆる形で政治に利用されてきたけれど、「病者に仕える」根本的な姿勢だけは忘れなかった。戦国時代の日本で宣教師たちがハンセン病などの皮膚病の患者を世話したことは畏敬の念を呼び起こしたし、現代の北朝鮮でもベネディクト修道会の病院の医療活動が歓迎されている。

莫大な研究費を投じてどんなに画期的な薬を開発しても、「より安価な労働力」やロボットを導入して介護職不足を解消しても、治療や看護や介護の世界を「費用対効果」の物差しで測るかぎりは「全人医療」とはかけ離れる。目の前にいる「生産性」のない弱者の介護を「負担」や「無駄」だと感じるのは、イエスの十字架に新しい釘を打ち込むようなものかもしれない。

訪問看護師として四人の子どもを育て上げたマリネットは九十歳になり、目と耳が不自由になってきた同年の夫を支えながら暮らしている。四十年前、彼女が私の長男の代母となってくれたことを感謝し、誇りに思う。

その4

神の恵みは　どんなときにもあふれている

ジャンヌ・ダルクに学ぶ三つのこと

ジャンヌはなぜ選ばれたのだろうか

英仏百年戦争といっても、近現代のように二つの主権国家が戦争をしていたのではない。イギリスとフランスにまたがって、王家や諸侯や騎士や傭兵《ようへい》らが姻戚関係でつながったり離れたりしながら利権を争って、町や村の庶民たちばかりが甚大な被害を被っていた時代だ。シャルル七世になるはずの王太子はパリを離れて中部のロワールのシノン城に逼塞《ひっそく》し、北東のロレーヌにある王党派の飛び地、ドンレミーという小さな町では一人の少女が「イギリス人を追い出せ、国王の軍を率いてフランスを救え」というお告げを聞いた。

そもそも、なぜ、「羊飼いの少女」だったのだろう。「敵を蹴散らせ」という神や聖人のお告げならば、ヘラクレスのような英雄に向けて発したほうが、ずっと効率がよかったのではないだろうか。いや、せめて巨人ゴリアテを倒したダビデのような勇敢な若者を見つけられなかったのだろうか。とはいっても、当時王太子のために戦闘を続ける将官たちの中には指揮官のラ・イールやバタール将軍などすでに強者《つわもの》がそろっていた。それでもイギリス軍に包囲されたオルレアンを解放できていなかったのだ。だからジャンヌ・ダルクが選ばれたのは結果的には「正解」だった。ではジャンヌのいったい何が、全軍の力を増強させて戦況の流れを変えさせたのだろうか。

第二次世界大戦後、アウシュヴィッツから生還したプリーモ・レーヴィは、収容所で生き延びたのは環境に適応するバイタリティーのある無学で卑怯な囚人たちのほうで、知識人や善良な者はどんどんと弱って死んでいったと観察して記録している。極限状態において最も必要なのは、腕力でも知力でもなく「メンタルの力」なのだ。そしてこのメンタルの力は、「絶対」への信があるときに最大となる。

ジャンヌも最初にお告げを聞いたときに、すぐに行動に移ったわけではない。行動を開始してからも家族をはじめあらゆる人から否定され、反対され、疑われただろう。彼女は「王太子のところに行き武装してイギリス軍を一掃せよ」などという途方もない「お告げ」を、ただ謙虚にシンプルに受け止めて従ったわけではない。受胎告知を受けたマリアのように「お言葉どおり、この身に成りますように」と受け入れるだけで成就するような種類の「お告げ」ではない。自分の使命を強く「確信」しなければ実行不可能だった。リスク要因は無数にある。絶対の「確信」だけが、すべてを相対化し、動けなくなることとの危険から救ってくれた。

けれども、当然ながら、この世に「絶対」的なものなど存在しない。ある時代やある場所での「絶対」は、別の時代や別の場所で覆される。必然的に、「絶対」はこの世のものではなく、この世を超えたものとリンクしている。ジャンヌ・ダルクにはその、この世を超えた世界にアクセスできる感性があったのだ。

ジャンヌ・ダルクとポピュリズム

ジャンヌ・ダルクはその「絶対」への信に依拠《いきょ》するパワーによって、将も兵士も民衆も鼓舞した。それが大きな力となったのは間違いがない。けれども、それは、「絶対」を演出する政治やカルトのリーダーが人々を酔わせ、従わせて全体主義に導くこととはどう違うのだろうか。

ジャンヌ・ダルクの受けた「お告げ」はイギリス兵を撃てというものではなくフランスを、オルレアンを解放することだった。彼女のメンタルの力の行使は敵の成敗ではなく「自由」の獲得に向けられていたのだ。古代の『戦史』を著したアテネの歴史家トゥキディデスは「自由なしに幸福はなく、勇気なしに自由はない」と言った。

自由が侵害されているときに、軋轢を避けてただ座して祈っているだけでは本当の平和も自由も幸福もない。二十一世紀の今も、自由の敵は民主独裁、宗教過激派、ポピュリズムだ。「民主独裁」体制は、一見民主的な手続きを踏んでいるかのように見え、神や教祖の名を掲げた狂信者たちは無差別テロにまで突き進み、ポピュリズムはフェイク・ニュースを生み、民衆をデマゴギーで誘導し煽動《せんどう》する。

甲冑《かっちゅう》に身を包み、戦旗を掲げ、馬にまたがったジャンヌ・ダルクの姿は、ポピュリズムのように民衆の「情動」を煽《あお》ったのではなかった。シノンの宮廷人、オルレアンの市民らに、「自由」に信をもち、「自由」を求め、「自由」を守る気概を迫ったのだ。ジャンヌの気迫と果敢さが、王太子と将兵と民衆に真のインスピレーションを与えた。気概が生まれ、分かち合われ、歴史の風向きが変わり、オルレアンは解放された。

ジャンヌ・ダルクの苦悩と受容

最後に戦場で捕らえられ、彼女を「魔女」と恐れるイギリス軍の手に渡されたとき、「戦士」のシンボルであった甲冑は取り上げられ、十九歳の娘は独房で鎖につながれた。彼女を異端審問にかけた神学者たちも彼女のことを恐れていたので、なんとか自発的に罪を認めさせようと躍起になり、水責めの拷問や火刑台での死で脅迫した。ジャンヌはそれに動じなかったわけではない。いや、恐怖におののいた。それは彼女の「絶対」への信が揺らいだからではない。ただ、怖かったのだ。

イエス・キリストは、自分が捕らわれて十字架刑になることを知りながらエルサレムから逃げようとせず、弟子たちと過越の食事をした後、一人になって、ゲツセマネで二時間余り、父なる神に祈った。使命を覚悟して平安に祈ったのではない。「ペトロおよびゼベダイの子二人を伴われたが、そのとき、悲しみもだえ始められた。そして、彼らに言われた。『わたしは死ぬばかりに悲しい。……』」（マタイ26・37〜38）とはなんと率直な表現だろうか。そして「『父よ、御心なら、この杯をわたしから取りのけてください。しかし、わたしの願いではなく、御心のままに行ってください』［すると、天使が天から現れて、イエスを力づけた。イエスは苦しみもだえ、いよいよ切に祈られた。汗が血の滴るように地面に落ちた］」（ルカ22・42〜44）とあるように、天から現れた天使から力づけてもらってさえも、苦しみもだえたのだ。死の恐怖など極度のストレスとともに毛穴や汗腺から血液がにじみ出ることで知られる「血汗症」の現象だったとしても不思議ではない。

イエスは、世の終わりを叫んで禁欲を勧める苦行者ではなくて、分け隔てなく多くの人とともに食事をすることを大切にする三十三歳の健康な男だった。そんなイエスが、弟子の一人に裏切られ、他の弟子たちにも見捨てられて、すべての人の罪を背負わなければならない重い使命の前で、恐れおののかなかったはずはない。イギリス軍との戦闘にもひるまなかったジャンヌ・ダルクも、拷問や火刑の脅迫を前にしての恐怖におののいた。「血の汗」は流さなかったかもしれないけれど、大きく体調を崩した。

ブルゴーニュ公の陣営で捕らわれていたとき、イギリス軍の手に渡されることを予感して、戦い続けるために高さ三十メートルの塔から脱走しようとして堀に落ちて気を失った。そのことは異端審問で「自殺未遂」の罪だと糾弾された。けれどもそのときに死ななかったこと自体が奇跡的で、彼女にお告げを与えていた聖カトリーヌと聖マルグリットがジャンヌを自殺という大罪から救うために助けたのだと最終的に認められた。民衆はすでにジャンヌを救国の聖女のように敬《けい》していたから、異端審問も彼女に聞こえていた声が悪魔のものだとまでは断定することはできず、断罪はもっぱら「男装」へと向かったのだ。「お告げ」と神への信頼に関しては一歩も譲らなかったジャンヌも、恐怖に負けて、結局一度は「過ち」を認めた。それを撤回すれば、「戻り異端」として、即火あぶりとなる。けれども、ジャンヌはわずか三日後に「改悛の宣誓書」を撤回した。生きながら火で焼かれる恐怖よりも、「生きながらえて地獄に堕ちる」恐怖のほうが大きいと自覚したからだ。

その転換は、「この世の生にだけしがみつく」ことを捨てることで初めて起きる。それは一度自分を「空《から》」にすることだ。たとえていえば、住まいの「断捨離」をすませて快適な環境で再出発することのできないような局面が、人生にはある。何も持たずに家を出て、後ろ手に扉を閉めることでしか始まらない再出発もあるのだ。そうして外に出て初めて、顔を上げさえすれば一度も変わらず最初からそこにあった空が見えてくる。最初から自分に組み込まれていた「栄光の体」に気づく。

苦しみの「受容」に到達したときにだけ可能になる分かち合いの生き方があるということだ。その「受容」は、苦しみ抜いた後でのラディカルな「無化（ケノーシス）」を経たときにだけ実現するものだ。イエスも、ジャンヌ・ダルクも、従容《しょうよう》として死を受け入れた無数の殉教者も、そんな「虚無」をささげることで「神の愛」に参入した。この虚無は、虚無を拒否することでネガティヴになるニヒリズムとは逆のものだ。ジャンヌ・ダルクの「死の受容」は、今も希望を更新し続ける永遠にポジティヴなメッセージへと変化した。

危機のときに必要なもの

私たちも人生の途上で、いわれのない攻撃に出会ったり、災害や事故に遭遇したり、病や死の痛みや苦しみを味わったりすることがある。ジャンヌ・ダルクの生と死は、危機を前にしたときにどうふるまえばいいのかを私たちに教えてくれる。

危機に直面したときに必要なものは三つある。「単純さ」と「謙虚さ」と「信頼」だ。単純さは、十九世紀のノルマンディーで若くして死んだカルメル会の修道女であるリジューの聖テレーズの実践した「幼子の道」に象徴される。「子どものようにただ神を愛しなさい」という「小さな道」だ。テレーズは「幼きイエス」を愛した。自分に課された使命も待ち受ける運命も何も知らぬまま、ただ、両親の助けなしでは生きていけない幼いイエスの「小ささ」は、十字架のイエスが到達した「無化」の原初の形だといえる。超越への感性は理屈の中でなく日常の中で息づく。

とはいっても、ベルナノスが『田舎司祭の日記』の中で描いた若い司祭のように、信仰の愚直さが人々の理解を得られない不器用なものとなることがある。単純さは謙虚さに支えられたときにだけ力をもつのだ。リジューのテレーズは人々の目に偉大そうに見えるものを求めてはいけない、と繰り返し言った。不完全な他者を見下すのではなく、謙遜に彼らの「末席」に身を置いて、一瞬ごとに神の助けを必要とする「小さな者」であることを肝に銘じた。これも「キリストは、神の身分でありながら、神と等しい者であることに固執しようとは思わず、かえって自分を無にして、僕《しもべ》の身分になり、人間と同じ者になられました。人間の姿で現れ、へりくだって、死に至るまで、それも十字架の死に至るまで従順でした」（フィリピ2・6〜8）とパウロがいう「無化」であり、ジャンヌ・ダルクもそれに到達したのだ。

単純さが謙虚さへと深まって到達する「無化」の中で「危機」の見え方は変わってくる。さらに、その「危機」の受容にまでたどりつくためには「空《くう》」を埋め尽くす「信頼」が必要だ。あきらめによって、抵抗を放棄して、受け入れるのとは違う。その信頼は何かというと、やはり、テレーズが言ったように、階段を上ろうと子どもが必死に足をかけていると神が必ず抱きあげてくれるという単純で謙虚な信頼なのだ。

処刑台のジャンヌ

ジャンヌ・ダルクは、お告げの声に従って、オルレアンを解放し、ランスの大聖堂まで王太子に随行してシャルル七世として戴冠するのを見届けた。だからイギリス軍にはジャンヌを魔女として抹殺する必要があった。

ジャンヌはたとえ殺されることになっても自分の使命を果たしたこと自体を後悔したわけではない。「わたしがあなたがたを愛したように、互いに愛し合いなさい。これがわたしの掟である。友のために自分の命を捨てること、これ以上に大きな愛はない」（ヨハネ15・12〜13）とイエスが言ったからだ。

そのイエスは十字架の上で死ぬことを受け入れた。イエスを信じるすべての人はイエスの友であり、イエスは友のためにいのちを捨ててくれたのだ。イエスがいのちを捨てて友を愛したように互いに愛し合うという掟に従うならば、ジャンヌには同胞への愛に駆られて戦ったことで殺される運命を受け入れるほかに選択肢はない。

いのちをもって人を生かしてくれたイエスに報いる方法は、ただ一つ、自分もいのちをかけて友のいのちをつなげることだとジャンヌは理解した。ジャンヌの単純さも、謙虚も、信頼も、その全部は、イエスの十字架から始まって十字架に終わったのだ。「わたしはぶどうの木、あなたがたはその枝である。人がわたしにつながっており、わたしもその人につながっていれば、その人は豊かに実を結ぶ。わたしを離れては、あなたがたは何もできないからである」（ヨハネ15・5）とイエスは言った。

火刑台に据えられる前にジャンヌは十字架を所望して胸に差し込んだ。もう一つの十字架を、最後まで見ていることができるように目の高さまで高く掲げてもらうことも望み、修道士が近くの教会に大きな十字架を取りに行った。

火がつけられたときジャンヌは「イエスさま！」と叫び、修道士は棒の先にくくりつけた十字架を炎と煙越しにジャンヌの前に差し出した。ジャンヌは何度もイエスの名を呼んだ。十字架は、ジャンヌがイエスとつながるぶどうの木だったのだ。ジャンヌは決してその木から離れず、二十一世紀の今も、豊かな実を結び続けている。

コロナ禍の自粛と神の要請

集団の記憶と団結

戦争と「神」とは相性がいい。「神の名」のもとに「聖戦」が仕掛けられることもあるし、敵対する国のそれぞれが「戦勝祈願」をするし、「神風」が吹くのを願うこともある。新型コロナウイルスが侵入して攻撃を仕掛けてきたかのような世界で毎日告げられる「犠牲者」の数が増えていくにつれて、人々が潜在的に「神」を求めたとしても不思議ではない。人間の世界に存在する経済、制度、社会というシステムの基底にあるのが信仰のシステムだ。その中でいちばん変化しやすいのは経済のシステムで、制度も動きにくいし、社会はもっと動きにくい。信仰のシステムの根っこには人間と人間、人間と自然、人間と超越、聖なるものとの関係があり、それはなかなか変わらない。

二〇一二年のフランスでは「同性婚」に反対する保守派の大きな抵抗運動があった。これは、普通はなかなか変化しない基層のシステムを「上から変革」しようとしたからだ。でも、保守派の抵抗運動も、政治の道具にされてしまった。今も、トランスヒューマンや安楽死など、基層のシステムにかかわる変革が問われて続けている。けれども、それに抵抗する信仰やモラルが政治の道具にされないように気をつけなくてはいけない。ただ「反対」「抗議活動」「抵抗運動」を断固として続けているだけでは、戦いが激化して、勝ち組と負け組に分断されるという決着がつくだけだ。

力の強い者に実力で抵抗するというだけでは、引き分けの結果には絶対にならない。戦争に勝つには戦いのフィールドを誤ってはいけない。複数のシステムのどこで折り合いをつけるか、視座を変えることが必要だ。特に、聖なるものとの関係を扱う「文化」が堅固なら、「文化」自体が、争いを調停してくれる。ウィンウィンの結果も不可能ではないのだ。

「文化」とは集団の記憶でもある。疫病や災厄の嵐の前では敵に向かう団結が見えなくなる。けれども、「団結」とは、ばらばらのものを「寄せ集め、型にはめて固める」ことでなく、互いに一つの布を織りなすことだ。織りなすにはそのモチーフとなる集団の記憶が必要で、それは「集団免疫」の獲得と似ている。

旧約聖書の神は、大洪水を起こした後で、ノアの箱舟から降りて生還した者たちに、「あなたたちと共にいるすべての生き物、またあなたたちと共にいる鳥や家畜や地のすべての獣など、箱舟から出たすべてのもののみならず、地のすべての獣と契約を立てる。わたしがあなたたちと契約を立てたならば、二度と洪水によって肉なるものがことごとく滅ぼされることはなく、洪水が起こって地を滅ぼすことも決してない」（創世記9・10〜11）と約束したという。

それでも、人類の歴史には疫病や天変地異が絶えなかった。なぜだろう。それは、神が、自然を創造したけれど、その展開を「プログラミング」してはいないからだ。

いわば、自然は自然の法則に従っていくという自由がある。それを有効に受け止めて「恵み」とするか、自然の法則に介入してアクシデントを招くか、うまく共生できるようにと試行錯誤を繰り返すか、などは、大いに人間の自由意志にかかっている。「万物に対して生殺与奪の権をもっている全知全能の神」を想定した人間が、自らも自然に対して「全能」であるかのようにふるまう幻想こそが「災厄」を招き、災厄の前で人は神に向かって叫ぶ。災厄は「神の裁き」でなくいつも人の選択だといえるだろう。

要請は効かない

確かに人間に「自由意志」まで与えたのは神かもしれない。でも神は、その人間の自由意志による逸脱をくいとめるために、最低限の戒を与えた。彼らが互いを排除し合って自滅することを良しとしなかったからだ。最初は、エデンの園で「善悪の知識の木」は食べてはいけない、と言った。

これは「要請」だ。「禁止」ならいくらでも方法があったろうし、罰則も通告していなかった。脅さなかった。要請した後で、人間の自由意志による自粛を期待していたのだ。ところが、結局アダムもエバも「自粛」しなかった。さらにアダムとエバの息子たちも、嫉妬による最初の「殺人」の当事者となった。弟のアベルを殺したカインが神に「あなたの弟アベルは、どこにいるのか」と聞かれて、「知りません。私は弟の番人でしょうか」と答えた（創世記4・9）のを知ると、「自由意志」が「自粛」と程遠いことに愕然とする。神がモーセに与えた「十戒」を見ると、その後も、いかに人間たちが「自由意志」を利己的に行使して他者を傷つけることを繰り返してきたのかがわかる。

コロナ禍の緊急事態宣言のヨーロッパでは、マスクの着用や外出規制、店舗の封鎖などが罰則を伴う命令となった。一方、日本では、緊急事態宣言下でも、強制力を伴う「命令」は不可能で、もっぱら「自粛」が要請された。そもそも自粛とは自ら進んで判断し、慎重に行動を決定することで、キリスト教で言えば自らの「良心」に照らして行動することと通じる。だからもちろん一律ではなく、何を優先するかという価値観が問題になる。

それなのに、日本では、一定の行動様式の「要請」がなされると、「自粛命令を出してください」と「お上」に懇願する人や、家族連れや友人同士が歩いているのを見ると「自粛せよ」と叫ぶ「自粛警察」が登場するし、車の「他県ナンバー狩り」も登場した。東京から地方の実家に帰省した陽性者がバッシングされ、身元が特定されて公開されることなどもあった。陽性者は「悪魔」「害悪」のように忌避され、謝罪を求められる空気に覆われる。「全員マスク」のベースには、「他者を見れば感染者だと見なし、自分も他者から感染者と見なされることに合意する」という前提があるわけで、そこには互助的な交わりや、いたわり合いは存在しない。「自粛」は「自縛」へと変異する。

「お上」や「世間」が罪悪を決めつけて強制や罰則を与えるのは、「全能の神」から連想される絶対権威を支配の道具にしたものだ。けれども、もともと一神教の「神」

は、すべてを与える存在でしかない。神とは取り引きができない。神は論功行賞《ろんこうこうしょう》を与えない。神は見返りなくすべてを与え、与え続ける。だから、犠牲のささげものをするのも無駄だ。「要請」を無視したからと言って、「天罰」さえ下さない。「神に代わって」「天誅を加える」のはいつも人間だ。悪魔の誘惑はあっても、神の罰はない。「神の罰」で脅すのは宗教の逸脱だ。

限界と慢心の振り子

旧約聖書の神は暴力的で逸話も暴力的だからキリスト教から外せと言ったマルキオンのような神学者も過去にはいた。でも、旧約聖書が暴力的なのは人間が暴力的だからだ。神は怒ってもゆるすもので、人間とはまったく違う。「神の怒り」とは人間の解釈によるものなのだ。

それに対してイエスの答えは、すべての人がすべての人を見守る存在であるべきだ、というものだった。人間は、いつも「偶像」に犠牲をささげて取り引きをしようとした。黄金の仔牛、人身御供《ひとみごくう》、犠牲の羊。もともと羊を屠《ほふ》るのが貧者に分け与えるためなら別だったが、イエスは無益な燃え尽くす犠牲などにストップをかけ、自分自身を犠牲に差し出すことで犠牲の習慣をやめさせ、ミサで自分の肉と血を与え続けることでそれを更新し続けている。

すべての「供物をささげるシステム」は本質的に偶像崇拝の心理に取り込まれやすい。賽銭《さいせん》も、寄付も、宗教者や宗教施設の保持や管理には必要だけれど、「神にささげる」のとは別だ。神から先に与えられたものを、別のところにでも別の形でも、何らかの形で与える側にまわっていいのちをつなぐという形の「浄財」のみが求められるので、与え続けてくれる神には「信仰」以外のものを供える必要はない。

神は悪を成敗しに来てくれるスーパーマンではないし、AIが目指す万能の解決装置でもない。AIは問題処理能力、計算の速さによって人間を超えるけれども、それを侵害するウイルスもつくられては防御されて、変異し、進化する。けれども人間は、新型ウイルスが登場するだけで存在が脅かされるアナログの体をもっていることを忘れてはいけない。

私たちは、「集団」としても「個人」としても、さまざまな相手と合理的に取り引きしながら進歩や成長に向かうときと、災厄や病気や老いや人間関係の摩擦によって落ち込み苦しむときとを交互に生き、限界と慢心の振り子に翻弄されている。神とは、そんな人と人との共生を「愛」の介在によって最適化するための必要不可欠な装置であるに違いない。

慎重であること

知恵の正しさ

カトリック教会の枢要徳は、ギリシャ哲学にルーツをもつ「知恵、節制、正義、勇気」の四つだけれど、その中で最も大切なのが「知恵」だといわれている。日本語訳では「知慮、思慮、賢慮、分別、賢明」なども使われるけれど、気配りや思いやりとつながる「慮る」というニュアンスがあってこそ、最高位の「徳」になる。理論の知であるソフィアや科学の知であるエピステーメー、技芸の知であるポイエーシスと違って、そのような精神の能力を実際の局面でどう使うか、といういわば実用の徳だ。ラテン語訳から派生したフランス語では、この「徳」はまさに「prudence（慎重）」と訳されている（英語も同じ）。では、どうして「慎重さ」がほかの徳である正義や勇気や節制よりも大切なのだろうか。それは、正義や勇気や節制という徳の真の基準が、神ならぬ人間には定かでないからだ。

歴史には、「正義」を掲げて悪を殲滅《せんめつ》する戦争に駆り立てられたり、蛮勇を振るって自分やほかの人を危機に陥れたり、節制が過ぎて病気になったり他者の自由を制限したりしてきた事例が、国家にも個人にもたくさんある。正義や勇気や節制が一見「わかりやすい徳」だからこそ、その行き過ぎや逸脱に向かう危険は一人ひとりの人生の中にも多く潜んでいる。イエスが生きていたころのユダヤ社会は「律法遵守」という「絶対正義」を固守し、それに反する者を石打ちで殺すような力を振るい、霊的な祈りのためでなく節制を誇示するために断食を繰り返すことがあった。特に当時の神殿の権威であったファリサイ派の弟子たちは週二回断食し、自分たちの敬虔さを誇っていた。一方、荒野で苦行していた洗礼者ヨハネのグループの断食は、胡散臭《うさんくさ》く見られていた。

ヨハネの弟子たちとファリサイ派の人々が断食していたところにやってきた人々から「ヨハネの弟子たちとファリサイ派の弟子たちは断食しているのに、なぜ、あなたの弟子たちは断食しないのですか」と問われたイエスは、「花婿が一緒にいるのに、婚礼の客は断食できるだろうか。花婿が一緒にいるかぎり、断食はできない」（マルコ2・18〜19）と答えたし、「ヨハネが来て、食べも飲みもしないでいると、『あれは悪霊に取りつかれている』と言い、人の子が来て、飲み食いすると、『見ろ、大食漢で大酒飲みだ。徴税人や罪人の仲間だ』と言う」ダブルスタンダードに対してイエスは、「知恵の正しさは、その働きによって証明される」（マタイ11・18〜19）と述べた。この「知恵」とはまさに、正義の白黒を決めつける拙速さを戒める慎重の徳を前提としたものだ。

イエスはまた、律法で定められた断食をするときへの注意として、「断食するときには、あなたがたは偽善者のように沈んだ顔つきをしてはならない」（マタイ6・16）と言った。この「沈んだ顔つき」をしない、ということには、より大きい意味も感じられる。

善いカルマの積み方

パリ郊外でチベット仏教のあるリンポチェ（活き仏）がした法話にこういうものがあった。

「今の生において、来世のために善いカルマを積むためには、心をネガティィヴなもので汚染させてはいけません。私たちが一人でいるときの頭の中に去来するもののほとんどは、ネガティィヴなものです。処理すべき問題へのストレスとか、ありとあらゆる大小の不安や恐れや不満や恨みでいっぱいです。ポジティィヴなものは、闇夜に光る稲妻のように一瞬です。そのネガティィヴな思いを断ち切る方法は、口角を上げることです。無理につくった笑顔でも、その筋肉の緊張の記憶が脳の働きを変えます」

この方法は、確かに有効だった。ポジティィヴなことを思い浮かべるほどではなかったけれど、とりあえず、ネガティィヴな思いは遮断されて思考停止状態になる。

それだけではない。そうして口角を上げて人に対峙すると、相手はこれも反射的に笑顔を見せる。その笑顔を見るとこちらも反応するから最初の「無理やり笑顔」が自然なものになる。ポジティヴなものは「関係性」の中で生まれるのだ。「偽善者による沈んだ顔つき」ではなく、「装った笑顔」が、それを見る人の警戒心を解き、リラックスさせて、「思いやり」と同じ効果を生み、装いも本物に変わる。

リジューの聖女テレーズにも、修道院の中で苦手なシスターに敢えて笑顔を向けていたら、相手は「テレーズから好意を抱いてもらっている」と思って、打ち解けてきたというエピソードがあった。ネガティィヴな思考の中でも、恐れや不安の感情は特に、人を内向きにして「関係性」を閉じてしまう。貧困にあえぐ人、獄中にある人、傷ついている人、障がいのある人、病む人、死に行く人を前にすると、私たちは普段は無縁だと思っている自分の脆弱さを無意識に見せつけられて、目を閉じたり距離を置いたりしようとする。それが「伝染する」リスクがある場合はなおさらだ。

けれども、それらの「不幸」を前世の「悪いカルマ」の結果だと見なす仏教でも、来世のための「善いカルマ」は、それらの困難の中にある人々に寄り添い支え合うことで積むことができる。ましてや、キリスト教では、「助けを必要としている」それらの人々はキリスト自身であり、彼らを世話することこそが天国の扉を開くと考えられてきた。ハンセン病からペストやコレラまで、古来、伝染病が蔓延する現場で献身的に病人を世話し、自らも感染していのちを落としたキリスト者や聖人が少なくないのはそのせいだ。

もちろん医学、衛生学の発達した今の時代、「勇気」の徳を掲げて予防措置なしにリスク・ゾーンに突撃するのは正しくない。その前に必要とされるものこそ、枢要徳《すうようとく》の最優先となる「慎重＝賢慮」なのだ。

いのちの糧とは何か

フランスのカトリック司教委員会が、政府の方針に従って、ウイルス対策のために聖水盤を空にしてミサでの握手と口での聖体拝受を一時停止したとき、ベレイ・アルスのローラン司教は反発した。教会はリスクの場所ではなく、救いと希望の場所である、問題は人々と「死」の関係が誤った方向に陥っていることなのだという。

一方、ほとんどの司教たちは、宗教が基本的に国の要請に従うという方針はイエスの時代以来であること、その内容がキリスト者としてのモラルに反しないときは信徒も市民として当然受け入れるべきだとした。

公立病院の勤務医として十年間働いてきたパリ大司教のオプティ師は、それらの処置なしに感染予防は不十分だと認識したうえで妥当だとした。カトリック神学の基礎の一つとなったアリストテレス哲学には、ギリシャの都市国家運営にあたっての倫理学の基礎としての「慎重さ」がある。それは、実際のアクションの場において、差し迫った事態を前にしたときに確実なデータや確実な対応策がない場合、政治的状況や倫理則に照らして目的と手段を相互にコントロールするというものだ。

選択肢のちょうど中間を選ぶわけではなく、妥協策をとるわけでもなく、情動を抑制しながら試行錯誤して、自分と他の人間一般にとって最善のものを体験によって獲得していく。過去の逸脱例を見て学ぶのも大切だ。このやり方はエピクロスも最善だとした。

キリスト教は、信仰と法と知恵に加えて、「キリストの十字架上の死と復活」という途方もない「非合理」を抱えて出発したから、「見極める力」を常に必要とした。公開ミサが一時停止されたサンリスの司祭は、自宅で神のことばとともに祈るよう信徒に呼びかけた。

「聖餐ができなくとも、『神のことば』も私たちを養う糧です。食物が本当に栄養になるにはよく咀嚼されなくてはなりません。神のことばが私たちの最も深いところで働くには、じっくりと反芻する必要があります」

知恵の「慎重」な働きは、不安を煽る不確かな情報を咀嚼、反芻するのを助ける消化液だ。情報が「恐怖とエゴイズム」の澱になって溜まらないように、「知恵」を駆使して「愛」の力を活性化しよう。

時とはいのちのことだ

タラントンをどう増やすか

二〇一七年に出した著書のあとがきで私は人生の残りを「キリスト者でありたい」と書き、その理由に福音書のたとえ話の一つがあると述べた。その部分をここで再録しよう。

「マタイによる福音書」（25・14〜30）に出てくるもので、旅に出る主人から財産を預けられる三人の僕たちの話だ。彼らはそれぞれの力に応じて、五タラントン、二タラントン、一タラントンを預けられる。五タラントン預かった者は外に出て、それで商売をして倍にした。二タラントン預かった者も倍にした。けれども、一タラントンしか預からなかった者は、出て行って穴を掘り、主人の金を隠しておいた。

主人が帰ってきて、清算を始め、倍額にした僕たちを「忠実な良い僕だ」とほめたが、最後の僕が主人の厳しさを恐れてタラントンを地中に隠しておいたと聞いたとき、「怠け者の悪い僕だ」と叱責した。せめて銀行に入れて利息を得るべきだったという。

前後の文脈は別として、この話だけ取り出すと、私は自分なら絶対に「主人の金」で投資するなどというリスクを冒すタイプではないので、長い間、三人目の僕に同情していた。といっても、これはもちろん「金儲け」の話ではない。預けられたタラントンとは、私のいるこの世界と生命なのだ。仏教的な人生観になじみある文化に育った私にとっては、生老病死の苦に満ちたこの世界は仮の世であって、執着を離れて現世から「解脱」することが救いだというイメージがあった。けれども、今は、私に託されたタラントンであるこの世界もこの時代も、幻想ではなく、現実であり、それを返すときには、受け取ったときよりももっと美しく豊かにして返すように最善を尽くさなくてはならない、と思えてきた。それが「宗教」なのかどうかは私にはわからない。わかるのは、この本を書かせたのはその思いだということだ。

この思いは今も変わらないけれど、高齢者と分類される世代の一人となって、近頃は、この「タラントン」とは「時間」であるような気もしている。

いわゆる「夭折」の芸術家や学者の残した業績のことを考えると、こんな人たちが長生きしていたらもっとすごい仕事をしていただろうという思いと、いや、若くして世を去る運命だったからこそ、短い間にこのような充実した作品を残したのかもしれないという思いが交錯する。寿命とは聖書のたとえ話の僕が主人から「それぞれの力に応じて」与えられたタラントンなのかもしれない。聖書では主人から与えられた時間は同じで預けられたタラントンの額が違ったのだけれど、タラントンが「与えられた時間」だと考えたら、私たちはその額にかかわらず、「地中に隠す」などしている場合ではない。

時間をつぶす

やることがなくて、あるいは何かするには中途半端な時間しかないときに、私たちは「時間をつぶす」とか「暇をつぶす」ということをする。これこそが預けられた大切なタラントンを地中に隠すことに通じるのかもしれない。英語では「時間を殺すkill time」という。フランス語でも同じ言い回しだ。

「時間を殺すことは永遠を傷つけることだ」と言った人がいる。時間は神が人に預けたものだとしたら、それをつぶしたり殺したりするのは、自分自身の一部をつぶすのと同じで、それをとおしてその向こうにある「永遠」も傷つけているようなものだという感覚はなんとなくわかる。

ローマ帝国初期の哲学者であるセネカは「生きている時間は人の唯一つの財産だ。思いきり、使い切らなくてはならない。限りある時間の中に無限の道をつくるのだ」

と言った。神から預けられたいのちとしてのタラントンである「時間」は有限なものだけれど、それを増やすというのは、生き方の道を増やすということだ。神がわざわざ人に自由意志を与えたので、私たちには、判断を誤る自由、迷路に入り込んだり、抜け出したり、やり直したり、後戻りしたりできる「自由」が無限にありそうだ。有限の時間といのちであるタラントンを増やすというのは自由を行使することなのだろうか。

けれども、神から与えられた「自由の行使」の本当の意味は、「時間をつぶす」などして消費することではない。「奪い合えば足りないけれど分かち合えばあり余る」、というのは時間も同じだ。時間をつぶしたり殺したりする代わりに「他の人に分ける、上げる」選択もある。上げた時間は失った時間ではない。有限の時間を次の時代に向けて残していくことを視野に入れれば、それが無限につながるのだ。

少子高齢化が進む日本では、ベビーブーム世代の老後のライフプランについての記事があふれるようになった。百歳で使い切ることを想定するとリタイア時にいくらの預金が必要かというような計算だ。タラントンとは預けられた「時」であり「いのち」であり養うべきものだというのとは逆の意味での「時は金なり」のイメージがある。

永遠のいのちの「時」

『星の王子さま』の作者であるサンテグジュペリは「人がそれを見つめて、大聖堂を思い描いた瞬間、石はただの石ではなくなる」「置いていかなければならない宝物を持っていることを、天に感謝したい」と言った。私たちが自分に与えられた数十年ほどの人生やら、確実に少なくなっていく「余命」だけを見ていたら、それは「限りある時間」にすぎないけれど、それを見て、先人からつながり次の人へとつなげていくために神に返す「いのち」なのだと思い描いた瞬間、私たちの「時間」は「永遠」に参入する。

長崎で被爆され、一貫して反戦を唱えられ、二〇一七年に帰天された川添猛《かわぞえたけし》神父が、戦後七十年の追悼ミサで「私たちの信仰は、（いのちのパンである）私たちの神を生かすためです。私たちの信仰は生きることが中心です」と語られたことを思い出す。

世間には、老後のライフプランどころか、死を前にした実存的な不安にある人につけこんで「永遠のいのちを得られる」ことを売り物にする宗教や宗教への勧誘が存在する。でも、本当は、「信じる者は救われる」という条件法の世界ではなくて、信仰そのものが「生きること」であって、「永遠に生きる」ことなのだろう。

「永遠のいのち」とは、授与されたり獲得したりする何かではなく、すべての人が共有する神を生かすような「生き方」のことなのだ。そんな宝物のような「生き方」を置いていってくれたすべての人に、感謝したい。

教会の危機ってなんだろう

フランスでの公開ミサ停止

二〇二〇年のコロナ感染危機下のフランスでは八週間の罰則つき外出規制が始まった三月十七日に先立って、三月一日からすでに公開ミサが自粛されていた。四旬節も聖週間も終わって規制が解除されたのは五月十一日だったけれど、教会閉鎖は続き、二十一日の昇天祭《しょうてんさい》(フランスでは祝日)も過ぎてしまった。それでも「教会の誕生日」でもある三十一日の聖霊降臨祭《せいれいこうりんさい》に向けて公開ミサができるようにと、フランス司教団と政府の話し合いが続き、結局、イスラム教のラマダンも終わる二十四日からの公開ミサが可能となった。

復活祭という最重要な期間のほとんどに公開ミサができなかったことはフランスの信徒や聖職者にさまざまな影響を及ぼした。医師免許をもつ医学博士でもあるパリのオプティ大司教は、早くから、聖水盤を空にすること、口での聖体拝領や聖血《せいけつ》の拝領、「平和のあいさつ」の握手をやめることなどを指示していた。二月半ばに、北イタリアからパリに戻ってきた司祭が感染していたことがわかったからだ。ブルターニュの司教は、「カトリックの伝統は常に隣人を大切にすることであり、我々はそれについて模範的でなければならない。もし衛生基準が満たされないなら停止はやむを得ない。宗教行為の自由は常に一定の責任を伴う」と認めた。

公開ミサ停止の決定と同時に、公営テレビやラジオ、ネット上で、パリの有名教会のミサやスタジオのミサ、ルルドなどの聖地のミサやロザリオの祈りなどが配信された。それだけではない。時差のないバチカンでの教皇の朝のミサ配信から、各教区のミサまで、「霊的な聖体拝領」の恵みが劇的に広がった。もともと隔離状態で集団生活している修道会の普段どおりの時祷《じとう》や歌ミサも配信された。

とはいえ、ミサとは第一に、イエス・キリストの名において人々が集まること自体によって成り立つもので、ライブの空間を分かち合う伝達力は画面や音だけでは再現できない。基本的人権として保障されている「集会の自由」の制限に異を唱える人も当然出てきた。

しかも、もともとキリスト教では、病者に寄り添い世話をすることが愛の実践の根幹にある。歴史的にも、疫病が蔓延して異教徒が町を捨てても、キリスト教徒は病人を看病し死者を埋葬するために残ったし、自らも感染死した聖職者も少なくない。生物学的ないのちだけでなく、永遠のいのちのために尽くすのが伝統だからだ。「公衆衛生」の名のもとに伝統を中断することを拒否した司祭もいるし、イタリアでは病者の塗油や埋葬で感染死した司祭も少なくなかった。「感染者を出すこと」が「悪」という空気の中での「譲歩」の是非に自問した司祭も多い。

ミサの再開

外出規制の間、ヴァーチャル世界の広がりに夢中になる信徒もいたし、本来のミサの理想に固執してますます原理主義的になる信徒もいた。第二バチカン公会議を認めずに破門されたルフェーブル司教が立ち上げた原理主義的な聖ピオ十世会（今は破門を解かれて関係修復中だけれど、「公認」ではない）は、パリのサン・ニコラ・デュ・シャルドネ教会で、しっかりと復活祭ミサをささげた。いつもより少ないとはいえ五十人以上の信徒が聖餐にあずかったそうで、ミサの終わりに警察が来て司祭に百三十五ユーロの規定の罰金を科したけれど、信徒はそのまま帰ることができた。「信教の自由」を断罪はしないという微妙な選択だった。

高齢者の中には、五月十一日の外出規制解除後も外に出ず、二十四日のミサ再開のときにようやく初めての外出をしたという人も少なくなかった。安全距離確保などの準備が間に合わず、三十一日の聖霊降臨祭のミサで初めて信徒を受け入れたところも多い。数回に分ける、予約制にする、開始と同時に扉を閉めるなどいろいろな工夫がなされた。もちろんマスク着用が義務化された。

その日を待っていた五十歳のセシルに、意外なことが起こった。セシルは三十五歳で「回心」を体験して以来、熱心な信徒となって共同体に積極的に貢献していた。彼女は二カ月以上の間、テレビやネットで配信されたドミニコ会のミサ、聖母被昇天会のミサをとおして霊的聖餐に参加していた。その典礼は厳かで美しく、完璧に進行し、聖歌隊もすばらしく、説教も今までに聞いたことのない豊かなものだった。それは新しい霊性の発見だった。

ところが、公開ミサが解禁されて久しぶりに自分の教区に戻ったら、すべては以前のままだった。いや、前よりずっとひどい。不安で陰鬱《いんうつ》、みんながマスクをして離れて座り、不吉で打ちのめされたかのようだった。泣きたくなった。もっとひどいのは、聖体を拝領したときに、隔離期間中に見たミサで得られた感動をまったく覚えなかったことだ。セシルは絶望して、どうすればいいのか、と親しい司祭に電話した。司祭はこう答えた。

最初のミサ

「私たちみんなが『完璧な教会』で行われる『完璧な典礼』を求めているのはわかります。でもそうしたら、パンとぶどう酒を奉献《ほうけん》するときに隣の席にいる人がくしゃみして咳き込んだり、老婦人の杖がタイルに当たって音をたてたり、聖歌隊の子どもたちが落ち着かなく体をゆすったり、歌唱を始める人の出だしの音が低すぎたり、司祭が子どもに話すような調子で説教したり等のことがあると、その典礼はまったく価値がなく思えてしまうでしょう。

でも、こういった不完全な現実の外側には本当の現実のきょうだいの交わりはないのです。私たちを怒らせる人、がっかりさせる人、傷つける人たち。私たちの信仰の妨げになるものこそ、受肉《じゅにく》とその限界の神秘なのです。

最後の晩餐のことを思い出してください。食卓の周りには、イエスを裏切る者、イエスを否認する者、復活を信じない者、『物分かりが悪く、心が鈍く預言者たちの言ったことすべてを信じられない者たち』（ルカ24・25）らがいて、彼らは受難のイエスから逃げ出しました。それでもイエスは、最高のレベルの弟子たちを見るためにチャンネルを変えたりネット・サーフしたりしなかった。

不完全な私たちも、不完全なきょうだいたちと一緒に、聖霊と真理の中で主の食卓につくことを拒まれていないし、あきらめてはいけません」

イエスは「父よ、あなたがわたしの内におられ、わたしがあなたの内にいるように、すべての人を一つにしてください。彼らもわたしたちの内にいるようにしてください」（ヨハネ17・21）と言った。一つとは「一枚岩」で固まることではない。長く暮らしたカップルが、波に削られた小石のようになんとなく似てきたり、長く会わず別々の道を歩んだ友同士が、会えばすぐにずっと共にいたかのように認め合ったりするようなものだ。バベルの塔を築くような壮大な一致を目指すことではない。「ただ一つの神、ただ一つの民」を神が要求しているとするほかの一神教には、「多様性」の受け入れが容易ではなかった。ただ一つの神が「父と子と聖霊」という三つの光を放ち続けるキリスト教は、多様と寛容から出発した。

召命の衰退、信徒減少、各種のスキャンダル、コロナ禍による格差の可視化や、共同体の瓦解《がかい》などが危機意識を煽《あお》る時代、もう一度、イエスによる最初で最後のミサのことを思おう。

裏切りの予感、忍び寄る受難の空気の中で、自らを奉献したイエスはすべての人を招き続けている。

その5

戻る場所を探すのではなく 新しい未来を!

イエスを翻意させようとする母

私が聖母マリアだったなら、とは言わない。「私の息子がイエスだったなら」死を覚悟でエルサレムに上る息子を行かせまいとしてこう説得するかもと、理屈や情を総動員して、「息子」を説得するところを想像してみた。

「あなた、本当にリスクを理解してるの?? 大祭司たちに嫌われているんだからここで捕らえられたりしたら、あなたの使命だって果たせないでしょ。もっと先のことも考えてリスクマネージメントをしたら??」

「ぼくの使命はこの世でのぼくのいのちの長さによるものではなくて、挫折や死も含めてどういうふうに生きるのかをメッセージにすることだから」

「その生き方よ。リスクがあるのを知りながらみすみすと敵の手に渡ると、あなたを信じて従っているお弟子さんたちの身も危険にさらすことになるのよ」

「彼らには抵抗しないように言うから身を隠すと思う。最後までついて来る者たちはお母さんの手に委ねます」

「みんな身を隠すだけではなく、あなたのことを恥じてトラウマを抱えて生きていくかもしれないのよ、指導者としてそんなことしていいの⁇」

「指導者は天の父なのです。天の父がぼくの使命について、どのくらいのスパンでどのように弟子たちの生き方を変えていくのかは天の父に委ねるしかありません」

「私はどうなるの⁇　私はこんなに若いのにあなたのお父さんに先立たれて未亡人なのよ。一人息子に弟子まで委ねられてこの先どうするの⁇」

「彼らをお母さんに委ねますが、彼らもずっとお母さんを見守ることになるでしょう。お母さんは若いのですからお母さんの使命はあります。ぼくをこの世に送り出してくれることを引き受けてくださったように、ぼくが去った後も、すべての人が父の国に来られるように導いてあげてください」

「私たちはあなたを立派なユダヤ人になるように教育してきたわ。実際ラビとしても尊敬される存在になった。それなのにどうして安息日を守らないなど挑発的なことをするの⁇」

「律法は私たちユダヤ人が試練にあるときに、救いのためにモーセによって与えられた大切なものです。でもそれがいつの間にか《神殿の中のお札》のように封印され、《救い》が第一義でなく統制と支配が第一義であるかのように祭司に使われている。一人ひとりの《救い》という大きな意志の外での律法の適用は間違っていると思います」

「でも、姦通の女だの売春婦だのは明らかに罪の女でしょう。ローマ帝国の手先になって税金を取り立てる徴税人だってどう見てもユダヤ人の敵だわ。どうしてそんな人たちを積極的に支持するの⁇」

「彼らのしていることを支持しているわけではありません。でも自分たちは安全圏にいて彼らの生き方を批判したり罰したりすることで溜飲を下げる人々や、その効果を狙う為政者の偽善はゆるせないのです。罪は誰の中にもあります。罰を与えるのは天の父にのみ属します。自分の中の罪を自覚した人々はより父の国に近いのです」

「あなたのことを革命家だと言ってユダヤ独立運動のリーダーに持ち上げようとしている人たちがいるのは知っているわね。私は、あなたがこれまで静かに教えを説いているのだから、家業を捨ててもそれはありだと自分を納得させてきたわ。誇りにすら思っていた。でも、近所の人たちには別に羨ましがられていないし、『革命家』になって暴動の先頭に立つなんて恥ずかしいわ」

「ぼくは彼らの政治的論理とは距離を置いています。ローマ帝国のあり方の問題は、単に属国としてのユダ王国との問題だけではない。ぼくにとってはユダヤ人の国よりも、サマリア人やローマ人などの区別も『罪の女』の区別もないすべての人が天の父の子として助け合って共生できる国を目指すことを、皆にわかってほしいのです」

「それならますます、きっちりと戦略を練って長いスパンで活動しなくっちゃ。そういう視点であなたに協力してくれる同志っていないの⁇」

「天の父のみ旨だけがぼくの指針です」

「そのみ旨が、人々が寄ってたかってあなたを殺してしまうってことになってもいいの⁇」

「人々には、それが神のみ旨だということもわかりません。彼らは自分のしていることがわからないのです」

「あなたにはわかるの⁇」

「今ここで、人の子として試練が近づくのを感じている時点では、ぼくにもわかりません」

「怖くないの⁇ 私は嫌。自分の息子が罪人として殺されるのを見る母親の気持ちって、あなたは考えないの⁇ 父の国も、救いも、何もいらない。ほかのすべての人が地獄に堕ちてもいい。あなたを失うことだけは絶対に嫌。私には、あなたが私より長生きして老後を看取ってくれることが天国なのよ。あなたがその気になればかなえられる自分の母親のそんな願いすら無視して、いつ来るかもしれないすべての人の『父の国』なんて言うことに、矛盾は感じないの⁇」

「感じます。だから、この道に進むときに、この世の親子の縁は切らねばと思いました。でも、父の国のスパンで考えれば、ぼくが使命を果たせば、お母さん、お母さんもぼくと一緒に父の国にいることになるのです。すべての人の心にある父の国への扉が開くのです。そこにはもう死や苦しみはありません」

「私の心にある父の国の扉が開いたって、もう遅いわ。今、あなたが殺されるのを黙って見過ごすなら、もう私の心は死んだのと同じ。あなたの『天の父』が、私の百分の一でも子どもに死なれることのつらさを知っているのか聞きたいものだわ」

「覚えていて。ぼくは死にません。ずっとお母さんといます。そして、お母さんを必要としている。多くの人がお母さんを必要とするでしょう。お母さんはそのために選ばれたのです。ぼくに看取られるためではありません」

「すべてのことには『時』がある、っていう箴言《しんげん》を知っているでしょう。あなたが公に活動をし始めてからまだ二年、どうして今じゃなくてはいけないの？　神のお告げを聞いたとでもいうの？　あなたの潜在意識が言わせているんじゃないの？」

「ぼくが今この世で死ななくてはならないのならそれがその『時』なのでしょう。ぼくはそれを受け入れます。その受け入れがなければ『生きること』そのものができません」

「あなたを必要としているのは私だけじゃないわ、あなたに癒してもらいたい人、あなたの話を聞きたい人たちが、どんなにたくさんいるか知っているはずよ。あなたは彼らに希望を与えたわ。神の国が来ると言ったわ。その人たちを見捨てるの？　今エルサレムに入るのは自殺行為だわ。思いとどまったら、まだまだこれからたくさんの人を救うことができるのよ。無謀だと思わないの？　あなたにすがるたくさんの人の必死の思いを裏切ってもいいの？　失望させてもいいの？」

「救える人は救ってきました。でも、今の病を癒しても、また明日には別の病に罹るかもしれません。今蘇生しても、いつかはこの世でのいのちを終えます。それはぼくだって同じです。本当の救いとか本当の癒しがどこにあるのかは、ぼくたち全部にいのちを与えてくれた天のお父さんだけが知っているのです。ぼくが人々を苦しみから救ってあげるという今ここでの役割を中断されるとしたら、それは、別のやり方で、別の苦しみから人々を救うという使命を与えられていることです」

「別の苦しみって何？　今ここでみすみす息子が死地に旅立つのを見る以上の苦しみってあると思うの？」

「別の苦しみとは、自分の中では決して終わらない苦しみのことです。ぼくたちが天の父から与えられている愛や慈しみをほかの人と分かち合い、聖霊の中で一致すること以外には、抜け出すことのできない苦しみです」

「じゃあ、あなたは、今、苦しくないのね」

「不安ですが、苦しくはありません。ぼくがぼくの使命を果たすことにお母さんが祝福してくれるなら、その不安さえなく旅立つことができます」

「私が、祝福するんですって？」

「お母さんは、ぼくを身ごもるという知らせを聞いたとき、それが神のみ旨なら受け入れると言ってくれました。ぼくはそれを感謝しています」

「じゃあ、なぜ、そうやって受けたいのちを粗末にするの？」

「今、もしぼくが捕まって殺されるとしたら、それは今までにぼくがしてきたことが知られ、それを快く思わない者たちがいるからです。ぼくが今までいろいろな人を癒したり死から救い出したりしたのは、その人たちの一時の回復のためだけではありません。ぼくを含めて、今、こうして生きている人間は、決して全能でもないし、さまざまな限界を突破することができません。けれども、存在の底にそういう弱さを抱えていること自体が、『慈しみ』を発動させるのです。すべての人の病を癒すことには限りがあります。ぼくと出会わずに病に倒れたり苦しんだりする人は無限に存在します。けれども、ぼくがこれから遭遇する受難をとおして、ぼくたちがそれぞれもっている限界を超えた喜びがきっと顕れます。そうしたら、お母さんは、もう決してぼくと離れないことをわかってくださるでしょう」

「本当にそんなことをわかる日が来るっていうの？　それまでに私の心がつぶれてしまうかもしれないわ」

「お母さん、お母さんがぼくをこの世に生むことを受け入れてくださったように、ぼくを父のもとに返すことを受け入れてくださることで、ぼくの使命は果たされるのです。ぼくにはお母さんが必要なのです。そしてぼくを信頼してくれるすべての人もお母さんを必要としているのです」

「私に何ができるというの？」

「お母さん、お母さんはもうたくさんのことをしてくれました。ぼくを生み、守り、育ててくれ、ぼくが使命を果たすために旅立つことをゆるしてくれました。エルサレムでこれからぼくが受けることになる試練の前に、多くの友が姿を消すでしょう。でもお母さんが最後までぼくのそばにいてくださることで、彼らはまた戻ってきます。そして彼らがぼくのこの世での使命をずっと受け継いでくれます。ずっと、どこまでも、いつまでも、異邦人にも、罪びとにも、すべての人に、慈しみと天の父のわざとを伝え続けてくれるのです」

「あなたを見捨てるかもしれない人たちがまた戻ってくるって、どうしたらわかるの？」

「ぼくもまた、戻ってくるからです。そして別の形でずっといるからです。お母さん、ぼくを身ごもったことを受け入れてくれたあの日から始まったことは、これからまた別の形で始まるのです。お母さん、ぼくは、天のお父さんとぼくとお母さんが、もう一度出会えるところに向かいます。ぼくは、天のお父さんは、いちばん苦しんでいる人のそばにいます。ぼくもお母さんも、これからの苦しみをとおしてお父さんに出会えるのです。そのときに、ぼくを生んで、今こうして試練のときに送り出してくれるお母さんは、天のお父さんの下で、新たな役割をもらえるのです。すべての人が、お母さんを必要としているのです。お母さんなしには、誰もぼくに出会うことができませんでした。これからも、ずっとそうです。ぼくと一緒にいてください」

「それだけが、私の望んでいることだわ。あなたと一緒にずっといること。あなたを助け、支えることよ」

「ありがとう、お母さん。愛しています」

「私もよ。無理を言うつもりはないわ。あなたの邪魔をしたくないし、重荷にもなりたくない。あなたを身ごもったそのときから、あなたは神からの贈り物だったのだから。行ってらっしゃい。そして最後まで、勇気をもって、もし天のお父さんの声が聞こえなくたって、私があなたを愛して信じていることを忘れずにいて」

すごい。逆に息子に説得されてしまった。私の駆使したロジックは私の頭から出たもので、それを繰り出しても繰り出しても、何も考えないですらすらと出てきた「息子」の返答に負けた。

息子を「行ってらっしゃい」と送り出してあげることができたことを神に感謝する。

「コロナ危機」の復活祭が教えてくれたこと

ノートルダム大聖堂の鐘

二〇二〇年の復活祭から三日たった四月十五日の午後八時、夏時間に入ってまだ明るく青空が広がるパリで、ノートルダム大聖堂の鐘が鳴り響いた。フランスでは前年の復活祭の聖週間の月曜にノートルダムで火災が発生した。炎に包まれた塔が焼け落ちる映像が世界中に配信されて衝撃を与えたのは記憶に新しい。

一年後のフランスでは、さらに思いがけないことが起こっていた。新型コロナウイルスの感染予防のため、四旬節の公開ミサがすべて中止とされたのだ。隣国のイタリアからあっという間に広がったこの感染病は、スペインも含めたローマ・カトリック文化圏が共有する復活祭の伝統を根底から揺るがすことになった。火災の日から一年を記念する鐘は、大聖堂の「復活」を祝って鳴らされたものではない。黒焦げの足場はまだ撤去されていないし、緊急事態の移動規制によって工事は中断された。外出できないパリの人々が毎日午後八時にアパルトマンの窓辺で医療従事者を励まし讃えるために拍手をするようになったことに呼応して、その時間に鐘が鳴らされたのだ。

前年の火災の後、フランス人は皆、霊的に覚醒して連帯したかのように高揚したのに、ほどなく政府への抗議活動である黄色いベスト運動のデモが再開し、大規模な交通ストも続いた。「お前たちの愛は朝の霧、すぐに消えうせる露のようだ」(ホセア6・4)という状態になった。それがようやく終息したころに、新型コロナウイルスのニュースが現れ始めて、わずか二カ月後にはデモもストも公開ミサも途絶えた静寂と不安が立ち込めたのだ。

そんな空気の中で迎えた復活祭、電気系統が切られているので五百キロ近い分銅のロープを防護服姿の三人が連携して引いて次々と鳴らした鐘の音は、一年前に炎と噴煙を前に人々が心をかよわせた祈りを再び届けるかのようだった。

南塔で焼け残ったこの鐘は十七世紀に造られたフランスで第二番目に大きいもので「エマニュエル」(「神が我々と共にいる」というキリストの異名)と名づけられている。その鐘の音が、まだ火災の傷跡の生々しい「聖母マリアのノートルダム」から響き渡ったことは、忘れかけられていた「希望」に目を向けさせてくれるものだった。

死と復活の意味

復活祭の期間に公開ミサの中止や洗礼式の中止があったことは、行事や典礼がルーティーン化していた多くの人にさまざまな自問を促すことになった。科学技術の進歩は不可避で、天敵のいない人類が増えて自然を破壊しながら制御するのは不可避であり宿命だと、これまで皆が漠然と受け入れていた生き方が突然中断したのだ。「試練」をどう生きるか、「試練」の後をどうするか、どのように「復興」するかが語られる。

けれども、医師でもあるパリのオプティ大司教は、そもそも私たちは「答えのない問いを受け入れることができるか」と問う。医学でも科学一般でも、ある問題が解決したと思ったら覆されることが繰り返される。嵐は必ずある。波や風の向きを見て被害を抑えることは必要だけれど、何より優先すべきは「人間性」だ。それは「いのち（la vie）を愛するように生きる」ということだと言う。

思えば、英語のライフやフランス語のラ・ヴィという言葉は、日本語の「人生、生活、いのち」という三種の言葉を合わせたものだ。人生や生活といえば、人間限定だったり社会的な営みだったりする。けれども、動物も植物もすべての自然の営みも含めた「いのち」を愛して生きてこそが「人間性」だとオプティ大司教は言うのだ。人間は感染者数や死者数のような「数」の存在ではない。いのちの表層でなくいのちの中で生きるのが人間だ。

人生は行く先に死という壁が立ちはだかる行き止まりの道ではない。死の先にも光が見える道だとキリスト教は教える。キリストの「死と復活」は、効率や成長や発展を目指すような問いの仕方を変えるべきだと気づかせてくれる。教会の扉が閉まっても、家から出られなくなっても、心や脳を封鎖してはいけない。隔離生活を乗り切るための多くの知恵が模索された。感想修道会の生活や、極寒のシベリアで一人六カ月暮らした冒険家のアドバイスなどが繰り返し紹介される。イグナチオ・ロヨラの「隔離」が精神の冒険だったように、隔離の美学や隔離の形而上学もあるからだ。

隔離生活の知恵について聞かれたベネディクト会の修道士は、自らの意志で隠遁を選んだ自分たちと違って隔離を余儀なくされて守っている人たちを称賛し、隔離は基本的につらいものだと答えた。自分と向き合うことで自分の弱さが全部見えてくるからだ。「聖アントニウスの誘惑」が有名で何度も絵画のモチーフになったように「内面」とは「誘惑」の温床で、自分の弱さに気づくことで謙虚になれる。修道院の内部でさえ人間関係のいろいろな確執はある。この集団の隔離生活を成功させるために絶対に必要なのは、「床に就く前に和解すること」「その日にゆるせないと思った相手をゆるすまでは眠らないこと」だと言う。

自宅待機している普通の人も祈りの時間をもつべきだ。どんなに科学技術が発展して便利でスピーディーな世界に生きていても、人には必要なものがある。沈思黙考はその一つだ。特定宗教の典礼と関係がなくても、ともかく自分や自分のいる時間や空間を超える何かに心を向けてそこから糧を得るということが大切だ。

危機を乗り切る四つの徳

想定外の危機的状況で必要とされる四つの徳について語る司祭もいた。まず「従順」の徳で、国や都市が発動する対策に従う。従うことは「同意」することではない。けれども、イエスがカエサルに税を納めることに異議を唱えなかったように、正当な為政者の指示にはとりあえず従い、分析は事後に行えばいい。二つ目は、神を受け入れる用意があること。試練を与えたのは神ではない。神は試練のときの我々に寄り添い、我々がより大きくなることを助けてくれる。三つ目は魂の自由を維持すること。キリスト者が自分の魂の力を養うことが人々を励ますことにつながる。恐れやあきらめに流されてはいけない。そして最後が創造性だ。傍にいることのできない人々とのつながりをどのように保つかというクリエイティブな慈しみが必要とされる。

「コロナ危機」の間、人々が集まることを避けるために中止されたものには公開ミサなどの儀式や各種の集会、競技だけではなく、演劇、コンサート、美術展などのアート活動がある。けれども、アートは「魂の力」を養うためには不要不急どころか必要不可欠なものだ。だからこそ、多くの美術館が作品をビデオで公開し、オペラや演劇も次々と無料で公開されることになった。それればかりではない。最初は活動中止にとまどっていたアーティストたちが、それぞれの隔離場所で歌ったり、楽器を演奏したり、詩を朗読したりと、活動を発信するようになった。コラボ映像も次々とクリエートされ、それまで主として会議などに使われていたアプリを使って大規模な合唱や合奏まで配信されるようになった。グローバルに世界を席巻するのはウイルスだけではない。創造力と想像力があれば、人は無限につながり合え、共感できることがわかったのだ。

この危機のときに培った創造性は、この「強制された隔離」「奪われた集会」の時期が終わったとき、それでも、一人暮らしを続けている人、外に出て自由に動くことのできないさまざまな事情や障がいをもっている人や高齢者に向けられなくてはいけない。危機の後で失われたものを取り戻すために、より加速して闇雲に復興や変革に走ってはいけない。新しい状況こそが我々をより人間にする。自分のもっているものを与えることは、失うことではない。与えるたびに、私は私たちへと新しく生まれる。

「私」の向こう側

イエスとスピノザ

十七世紀オランダの哲学者スピノザは、アムステルダムのポルトガル系ユダヤ人共同体の中で育ったけれど、幼少のころから合理主義精神を発揮して、旧約聖書の矛盾や律法の適用についての疑問を隠さなかった。幼くして母を亡くし父も亡くした二十三歳のときに共同体から追放され、兄弟とも絶縁してアムステルダムを去った。けれども当時のオランダは宗教の縛りが少なく、ユダヤ人たちが移住していただけではなくデカルトも滞在したように、とてもリベラルな国際都市だった（だからこそ宣教師込みでない通商が鎖国時代の日本とも続いたのだ）。

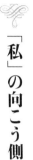

ハーグに居を移したスピノザの周りにはプロテスタントもカトリックも含めて多くの自由人が集まった。彼らにとっての「自由」とは「ノー」という自由だ。「ノー」という自由が確保されているときにだけ、「イエス」という合意、同意が、従属や強制や忖度《そんたく》によるものではなくて確信と選択による「自由」なものとなる。スピノザは、聖書を丹念に読んで、聖書の語るモラルの中で評価できるのは「正義（公正）」と「慈しみ」の二つだと考えた。けれども、問題なのは、この二つの「道徳」が、個々人の確信によってではなく、上から押しつけられた規範として守られていることだという。ユダイズムは、その二つを祭司の指導で固持することでまさに「道徳の宗教」となっているし、理性的にアプローチしようとしたキリスト教も、結局は規範の体系をつくりあげた。正義と慈しみは、それが何を目的として誰のために発揮するべきことなのかを「自分の頭で考えて納得」したうえで選択し行動に移さなくてはならないと、スピノザとその仲間たちは考えた。

ユダヤ共同体であろうがキリスト教共同体であろうが、「共同体の利害と存続」を第一の目的として培われた伝統的な規範を守るかどうかで人を裁いたり追放したりするべきではない。そのような規範は「守らないと地獄に堕ちる」というような脅しとしばしばセットになっていたせいで、「破門」されるだけでなく「異端審問」にかけられて火あぶりにされる犠牲者などを実際に生んできたのだ。

神の掟と人の掟

けれども、聖書を読むと、スピノザとまったく同じことをイエスが言っていたことがわかる。ファリサイ派の人々と数人の律法学者たちがエルサレムから来て、イエスのもとに集まったときのことだ。

彼らはイエスの弟子たちの中に手を洗わずに食事をする者がいるのを見た。ユダヤ人は皆、昔の人の言い伝えを固く守って、念入りに手を洗ったり、身を清めたりしてからでないと食事をしないし、杯、鉢、銅の器や寝台を洗うことなどの決まりがたくさんある。ファリサイ派の人々と律法学者たちはイエスに、なぜ、弟子たちが昔の人の言い伝えに従わないのかと尋ねた。それに対してイエスは、「イザヤは、あなたたちのような偽善者のことを見事に預言したものだ。彼はこう書いている。『この民は口先ではわたしを敬うが、その心はわたしから遠く離れている。人間の戒めを教えとしておしえ、むなしくわたしをあがめている。』あなたたちは神の掟を捨てて、人間の言い伝えを固く守っている」（マルコ7・6〜8）、「あなたたちは自分の言い伝えを大事にして、よくも神の掟をないがしろにしたものである」（同7・9）と答えた。

さらに、「父と母を敬え」というモーセの教えも、父母に差し上げるべきものはすべて神への供え物だと言いさえすれば父母に何もしないですむというように、教えが歪められ無化している例の多いことをつけ加えた。イエスはモーセに与えられた律法自体を否定したわけではない。時代や状況が変わった長い間にそれを「権威」の道具にして偽善的に適用する祭司や学者を批判したのだ。

条文によって定義されるような「正義」は「神」ではなくて「人間」からきたもの

だ。そしてどんな人でも、本当はそのことに気づいている。パウロも、「正しい人のために死ぬ者はほとんどいません。善い人のために命を惜しまない者ならいるかもしれません」（ローマ5・7）と言っている。人間は正解か不正解かの積み重ねによってしか司法体系を築けない。そこに「聖霊」の入る余地はない。パウロは律法の文字に従う生き方ではなくて「聖霊」に従う新しい生き方を確認した。

けれども、ユダヤ人を縛っていた律法から解放されたことによる新たな問題についてもパウロは語っている（同7・5〜18）。律法の規定する多くの「罪」が、「罪」の意識と共に、罪の行為への欲望を意識化してしまったことだ。

パウロは「罪は掟によって機会を得、あらゆる種類のむさぼりをわたしの内に起こしました」（同7・8）、「わたしは、かつては律法とかかわりなく生きていました。しかし、掟が登場したとき、罪が生き返って、わたしは死にました」（同7・9〜10）とまで言った。人間が都合よく解釈する前の律法の本源が霊的なものであると認めても、それに従うことは難しい。「わたしは、自分のしていることが分かりません。自分が望むことは実行せず、かえって憎んでいることをするからです」（同7・15）、「善をなそうという意志はありますが、それを実行できない」（同7・18）という彼の言葉は、すでに古代ギリシャでアリストテレスが言っていた「アクラシア」（悪いとわかっていてもやってしまう。意志の弱さ）に通じる。

道徳と二元論

けれども、無条件で命じることが可能な普遍的な道徳の模索と、それを利用して特定の利益を守る集団のせめぎ合いは続いてきた。そのどちらにも通じる道は、「所属する共同体」をどこまでも広げていくところにあるだろう。すべての人が大きな全体の一部をなしている。パウロが「あなたがたはキリストの体であり、また、一人一人はその部分です」（一コリント12・27）というときの「キリストの体」は一宗教のシンボルではなくて宇宙的な生命の全体だ。どこかにあるはずの調和的な世界を修復することで、一人ひとりも救われると感じることができれば、同じ指針が見えてくる。いつどこに置かれたとしても、それからたどる道を選ぶのは自分自身で、それでも星を見上げて方向を確認しなければならない。

思えば、キリスト教の歴史の中では何度も何度も善悪や正誤の二元論が糾弾されてきた。それでも世の中には「勝ち負け」や「幸不幸」や「強弱、大小」などさまざまな形の二元論がはびこっている。「道徳」におけるそんな二元論を避けるときにいちばん大切で有効な指針がキリスト者にはある。

「私」の反対は私以外の「他者」や「あなた」ではない。「私」の反対は「私たち」だという考えだ。自分や自分の家族、自分の共同体、自分の国と「それ以外」の他者を分けて考えるかぎり、私たちは利害や損得の思惑から逃れられない。「私」というエゴを離れて、私たち、私たち人間の共同体、私たちの地球を考えるとき、「私たち」はアクラシアから自由になるのかもしれない。「私」の反対側にいる「私たち」に加わることで、本当に「守る」ものが、見えてくる。

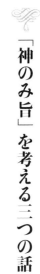

「神のみ旨」を考える三つの話

アーサー・アッシュの話

個人的にせよ、社会的にせよ、思わぬ災厄に見舞われるたびに、私たちは「どうして、私が⁇」、「どうして今⁇」、「どうしてよりによってこんなときに⁇」と自問してしまう。新型コロナウイルス感染の「非常事態」に受験、進学、留学、転職、就職の時期が重なった人、結婚、出産、育児、介護、病気、喪の時期とぶつかってしまった人など、どんなに多くの人が、「不運」を嘆き、不当感にいら立ったことだろう。

そんなときに、アメリカの伝説的なテニスマンで、一九七五年のウィンブルドンでの優勝によって四大大会を制覇した初の黒人選手となったアーサー・アッシュの言葉を思い出す。国民的なヒーローだった彼は、心臓手術の輸血によってエイズに感染してそれを公表し、病気と闘って一九九三年に死亡した。彼の病気を知って何千人ものファンが悲しみ、病院に多くの手紙が届けられた。その中の、「どうして神さまはあなたをこんなに恐ろしい病気に⁇」という手紙に答えて彼はこう書いた。

何年か前、五千万人の子どもたちがテニスを始めた。私もその一人だった。そのうちの五百万人がちゃんとしたトレーニングを受けた。私もその一人だった。そのうちの五十万人がテニスを職業にできた。私もその一人だった。そのうちの五万人が、テニス・トーナメントなどの試合に参加できるようになった。私もその一人だった。

そのうちの五千人がインターナショナル・ツアーに挑戦できた。私もその一人だった。そのうちの五百人が四大大会に挑戦できた。私もその一人だった。そのうちの五十人がウィンブルドンに参加した。私もその一人だった。そのうちの四人が準決勝に進出した。私もその一人だった。二人が決勝に残った。私はその一人だった。

優勝カップを手にしたとき、私は、「なぜ、私が⁇」と神に尋ねなかった。だから、今、苦痛の中で、神に「どうして自分が??」とは尋ねない。

「成功は華々しく輝かしいけれど、苦痛があなたを《人間》に留めてくれ、敗北があなたを謙虚にしてくれる」というメッセージが伝わる。

二〇二〇年、コロナ禍が日本よりも深刻で外出規制も厳格だったフランスにいて、旅行やコンサートをすべてキャンセルするに至った「不運」を嘆く日もあった私は、「七十五年も戦争がないという人類史上初めてと言える時代と国に生まれて、家族や友人にも恵まれ、大病も経験せず、これという災害や事故にも遭遇せずにきたこと」のめくるめく幸運を忘れていた、と気づいた。気づきだけが「前進」をもたらす。

毛糸の靴下

二十世紀初めのイギリスである工場の大煙突が何カ月もかかって建設され、ようやくその落成式を迎えた。集まった人々の前で最後の足場が取り払われたときには大歓声が上がった。そのとき、煙突内部で仕上げをしていた一人の職人が煙突の外に顔を出した。人々は驚きパニックに陥った。ドローンはもちろんヘリコプターもない時代のことだ。彼を降ろすためにもう一度足場を組みなおすには数週間はかかるから、職人は衆人環視のもと、飢えと寒さで息絶えることになるだろう。

そのときだった。職人の母親がやってきて、大声で、「ジョン、靴下を脱いで」と叫んだ。人々は、「かわいそうにショックで気がおかしくなったのか」と思った。職人は母の指示に従って、脱いだ靴下をほどいて長い毛糸の玉にした。その端を持って片方を下に降ろすと地上に届いた。その端に麻の糸をくくりつけてから職人が手元にたぐり寄せる。次に麻糸の端を持って降ろし、今度はその端にくくりつけられた紐を再びたぐり寄せる。次には同じように縄がつながれて、最後には鉄線がつながれた。その端を煙突の上にしっかりとくくりつけてから、鉄線につかまって職人は無事に地上に降りてきた。

靴下は母親が編んだものだったのだろうなぁ、と思う。母親はひと巻の毛糸玉で温かいようにしっかりと網目を詰めて靴下を編んでやっていたのだ。人は、絶望的な事態に思いがけなく襲われたときに自暴自棄になるのではなく、想像力を働かすことで窮地から脱することができるかもしれない。ひょっとして、すでに愛情を込めた贈り物を受け取っていて、それを無自覚に身に着けているけれど、そこから救いの出口が見えてくる可能性もあるのだ。失ったことを嘆き恐れおののくよりも、残っているものを見いだし育てることの大切さと不思議さとを、この話は教えてくれる。

大聖堂のシミ

ジェームズ・ソーンヒルは、十八世紀に、ロンドンにあるセント・ポール大聖堂のドームのためにフレスコ画を描いた画家だ。制作のために高い足場が組まれていた。ある日、ジェームスは、描いたばかりのフレスコ画の具合を眺めるために、足場の上であとずさりを始めた。もう一歩で転落という場所に来ても、絵から目を離さない。それを下から見ていた弟子がとっさに絵の具の付いた筆を投げ上げた。その絵の具が絵に飛び散った。驚いたジェームスは、それを見るために絵に近寄ったことで転落から免れたという。大聖堂には今もそのときのシミが残っているそうだ。

私たちも、目の前にあり、今進めなくてはならない優先事に気をとられ、それに隠れて忍び寄る危険に気づかないことがある。仕事に追われて家族、子どもを顧みなかったり、陰で支えてくれている人を思いやらずに感謝の言葉をかけなかったり、自分の周りの快適さや便利さに安住して自然環境が破壊していくことを無視したり、目先の損得や利害に気をとられて既得権だと思っていたものをいつの間にか失っていたりする。そんなとき、突然降りかかる「アクシデント」は、自分の道をふさぐ障害物、自分の描きかけの絵をだいなしにするシミのように思えるかもしれない。

自分の意のままになる絵筆ではない絵筆が、どこかから飛んでくる。完成させたかった人生の絵が損なわれる。その「シミ」を嘆いたり怒ったりすることもあるだろう。でも、そのシミは、気づいていなかった危機から救ってくれたものかもしれないし、「完成」の意味を拡大してくれるものかもしれない。

私たちは、自分の思い描いた地図の上を無事に進めますようにと「神仏に祈願」するけれど、神はまったく別の地図を用意していることがある。私たちは自分の道を前進すること、その途上では順調に成果を獲得することをイメージする。途中で自分の持っているものを奪われるのも怖いし、与えるのも怖い。自分の分が「減る」のを恐れるからだ。けれども、実は、信仰とは「受け取る」こと、神から受け取ることに徹することでもある。

自由な人間の人生で起こるさまざまなアクシデントは、自由意志で神と共に受容し意味を与えていくもので、病気や不幸を神が与えているわけではない。人生の絵は、この世では、完成しない。

いのちを愛する生き方

苦しいときの神

二〇二〇年の春の初め、スイスのノシャテルに住む四十歳のプロテスタント女性牧師が新型コロナウイルスに感染した。前年に夫を亡くし、三歳の娘との二人暮らしだ。発熱し、陽性が確定し、自宅隔離となった。娘は友人が預かってくれることになった。伝染病予防のための隔離には「四十」という異名がある。中世のペストの流行期に港で船が四十日間係留させられたことから来るが、そのもとをたどれば、ノアが箱舟を出した大洪水が四十日続き、モーセに率いられてエジプトを脱出したユダヤ人が「約束の地」に至るまで四十年をかけ、イエスが荒野で四十日の断食をして悪魔の誘惑を退け、復活してから四十日後に昇天したことなどキリスト教文化と深い関係がある。

女性牧師は、苦しかった隔離期間に、何度も「なぜ、なぜ?」と問いかけた。自宅に隔離されると同時に、「私の病気」に閉じ込められた状態だった。いちばんつらいのは自分に価値がないと思うことだった。自分に価値がないと思うときにこそ、神にとっては価値ある存在になる、と知っていたはずなのに、やはり苦しかったのだ。

誰とも会えず、食事もドアの外に届けられる生活が続いた。それでも窓からは、「春」が見えた。自然が、いのちが見えた。その「証し人」になったと思えた。失われたものを嘆く代わりに、今あるものに満足するという恵みを得た。奪われた自由よりもはるかに多くのものを、すでにもらっていることに気づいたのだ。

病気の当事者になったとき、最初は「なぜ私が?」という不当感によって怒りがわき起こる。怒りは人間の自然な反応の一つだ。「怒ることがあっても、罪を犯してはなりません。日が暮れるまで怒ったままでいてはいけません」(エフェソ4・26)と言われても、おさまらないときにその怒りを自分に振り向ける人さえある。怒りを発散しないとつぶされそうなときは、その怒りをぶつける対象としての「神」をもっている人は、自分を責めずにすむことで怒りからの出口を見つけられるかもしれない。

予備の場所

二十一世紀の先進国を襲ったコロナ禍は、それまでの新自由主義経済やグローバリゼーションの弱点をすべて暴き出すことになった。「予防」「医療資源の備蓄」というものが、ジャストインタイム生産方式や、「在庫ゼロ」による「コストカット」を目指す方針に従ってぎりぎりに減らされたことが、「医療崩壊」を招くことになったのだ。備蓄が十分であれば早い段階で抑え込むことができたかもしれない感染症があっという間に広がった。肥大した金融資本主義のもとで広がった貧富の格差もパンデミックの要因となった。

アリの社会で「働きアリ」と呼ばれている個体の多数は実は働いていなかったこと

が観察されている。予測不可能な「いざというとき」に備える要員であるらしい。すべての成員が生産的な役割を果たしているような集団のあり方は、危機のときに死滅に直結するからだ。いのちとは、「無用の用」に宿っている。マスクも防護服も医療機器も病床も検査も不足という状況になった後で、ロックダウンによって「第一波」をようやく抑え込んだ後のヨーロッパの先進国は、第一波によって学習したから「第二派」は余裕で迎え撃つことができると自信をもっていた。それなのに、夏のバカンスの後の「第二派」の前でまた次々とロックダウンに踏み切ることになった。

ウイルスもまた生きている。新型コロナウイルスばかりでなく、無数のほかの細菌やウイルスや微生物と私たちは共生しているので、その生と死が互いに連なるサイクルのことを科学的に正確に予測することは不可能だ。そもそも、「理性的」な対応というものは、「不確かな部分」を受け入れられるかということを含めて可能なものだ。その対応が実際に適切だったのかどうかは、「時」だけが答えられるものかもしれない。

しかし、ある時点で新型ウイルスだとはいっても、感染症やその対応の仕方そのものは「過去」の状況と驚くほど似ている。「かつてあったことは、これからもあり、かつて起こったことは、これからも起こる。太陽の下、新しいものは何ひとつない」（コヘレト1・9）というように、いのちの営みは実は繰り返している。とはいっても、ある試練が完全に過去になった後で振り返るだけでは意味がない。試練の「最中」にあっても、すでに「過去」となり克服した類似例の記録を検討し、過去の人々が何から克服のヒントや力を得たのかを観察するのは有効だ。そのためにも、過剰な恐れや混迷する情報に惑わされないように、必要なときに「生命力」をくみ上げることができる心のスペースを普段からとっておく必要がある。

予備の病床や予備のマスクのように、心の内面に予備の場所をとっておく習慣をつけよう。その場所は、祈りのときにも必要だ。感染症に罹患したり、不安に駆られたり、自粛や自主隔離で鬱々としたりするときに祈ることは、不安を解消する方法でもある。祈りの効用とは、時間の経過や行動のコスパなどを忘れ、離れることができることだからだ。

神に期待できること

では、祈りが聞き届けられることはあるのだろうか。急激な感染症には「予備マスク」「予備病床」などのストックが必要だとわかったように、「神仏」も必要とされるときにただちに「作用」を発動できるような居場所を確保されているだろうか。

日本における公文書の改竄《かいざん》問題で、職場に見捨てられたと感じて自死に至った地方公務員は、「最期は神社に行ったって神さまなんていないと嘆いて大好きな神社にも行かなくなりました」という状態だったそうだ。誰も信用できないし頼れないと思ったとき、人は生きることに絶望する。

「信じる」ことはいつもたやすいわけではない。なぜなら、生き難さや生きていくうえでの息苦しさは、自分を取り巻く世界に対する認知・認識の歪みや欠損のせいで、「自他を信じること」に障害が起きた状態で生まれるからだ。「信じること」の「再学習」、あるいは「回復」が必要だ。人は信頼するものからのみ本当に学ぶことができる。

キリスト教なら射祷《しゃとう》などから始め、連祷《れんとう》、ロザリオの祈りなど、今ここでの祈りの積み重ねをこなして、信頼の余韻や次への期待によって不安が少しずつ和らいでいくのを待ち、その中でイエスとのつながりが少しでも見えたら、それを信頼の最初の手掛かりにして広げていく。祈りや典礼はいわば「緊急避難」の安全基地となる。

それでも「神」が応えてくれないと思ったときは、あきらめずにほかの基地を探せばいい。祈る人と祈りの対象との「相性」は存在する。ミスマッチングがあるところに留まる必要はない。逆に、安易に「ご利益」を約束するような場所も避けよう。なぜなら、神は「約束」しないし、「請け合い」もしないからだ。

祈りやささげものにたいして契約書を交わし、ウィンウィンの未来を約束するのは「悪魔」だと昔から伝えられている。でも、神の答えが聞こえない、祈願の成就や救いを約束してくれないからといって、あきらめてはいけない。苦難を前にして「生きる」ことをあきらめること自体が、「生命」に対する冒瀆だ。必要なら毎日、神を信じて頼む言葉を繰り返そう。それによって生まれてくるのは「レジリエンス」だ。回復力や復元力、弾力性とも訳されるレジリエンスとは、ストレスなどの外的な刺激に対する柔軟性で、心が折れることを防ぐ適応力のことだ。

神と正しく向かい合うと、具体的な困難が解消するのではなく、レジリエンスが強まる。心の中に、神と向かい合える場所をつくっておこう。与えられたいのちと、自分の生きている周りに満ちているいのちとをともに愛する生き方ができれば、いのちをつないでいくことができる。

順境には楽しめ、逆境にはこう考えよ　人が未来について無知であるようにと
神はこの両者を併せ造られた、と。（コヘレト7・14）

生きることは冒険だ。未来を絶望することなく、与えられた冒険にチャレンジしよう。

＊本書は「カトリック生活」誌二〇一七年から二〇二〇年までに掲載された竹下節子氏の連載〝カトリック・サプリ〟より十七編に新たに書下ろした八編を加え、再構成したものです。

❖著者略歴

竹下節子（たけした・せつこ）

1974年、東京大学教養学部教養学科フランス分科卒業、同大学院比較文学比較文化専攻修士課程修了。同博士課程、パリ大学博士課程を経てフランスの高等研究実習院（fr:École pratique des hautes études）でカトリック史やエゾテリズム（fr:Ésotérisme）史を修める。現在は比較文化の視点からの評論、執筆活動のほか、室内楽アンサンブルのグループを主宰するなど、多様な文化活動を行っている。著書に『奇跡の泉ルルドへ』（NTT出版）『ジャンヌ・ダルク 超異端の聖女』（講談社現代新書）『キリスト教』（講談社選書メチエ）『神と金と革命がつくった世界史』（中公文庫）『バロック音楽はなぜ癒すのか 現代によみがえる心身音楽』（音楽之友社）『キリスト教の真実——西洋近代をもたらした宗教思想』（ちくま新書）『ナポレオンと神』（青土社）『カトリック・サプリ1 人生を活性化する25錠』『カトリック・サプリ2 生き方をインスパイアする25の話』『カトリック・サプリ3 人生に希望の種を蒔く25の話』『カトリック・サプリ4 日々の生活に気づきをもたらす25の話』、訳書『自由人イエス』（以上ドン・ボスコ社）等、多数。

カトリック・サプリ5

新《あたら》しい未来《みらい》を生《い》きるあなたへの25のメッセージ

2021年2月11日　初版発行

著　者　竹下節子

発行者　関谷義樹

発行所　ドン・ボスコ社
〒160-0004　東京都新宿区四谷1-9-7
TEL 03-3351-7041　FAX 03-3351-5430

装　幀　幅 雅臣

印刷所　株式会社平文社

ISBN978-4-88626-674-3
（乱丁・落丁はお取替えいたします）